AI는 어떠한 것인가요?
AI를 공부하기 위하여 어떻게 해야 되겠는가

이태욱 임승찬 최민영 최민정

자율주행 자동차

메타버스 도시

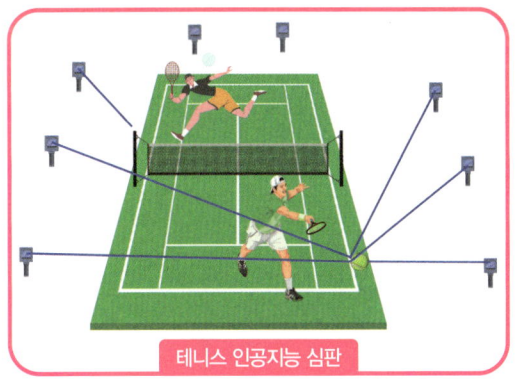
테니스 인공지능 심판

비대면 화상 수업

교육의 길잡이·학생의 동반자
(주) 교학사

저자 소개

이태욱 교수님

서울대를 졸업하고 미국 플로리다공대 대학원에서 석사 및 박사 학위를 취득하였음. 이후 한국교원대학교 컴퓨터교육과 교수와 한국컴퓨터교육학회장, 한국대학정보화협의회장, 한국컴퓨터정보학회장 등을 역임하였으며 현재 한국교원대 명예교수로 재직 중임. 주요 연구 분야는 컴퓨터교과교육, 지식공학이며 현재 주요 신문 오피니언과 국제기술사, 정보시스템 수석 감리원으로 활동 중임.

임승찬 선생님

현 전라남도 광양제철남초등학교 교사
한국교원대학교 대학원 초등 컴퓨터 교육 석사
디지털 교과서 선도학교, 온라인 콘텐츠 선도학교, 인공지능 선도학교 활동

최민영 선생님

현 경기도 고등학교 교사
한국교원대학교 대학원 컴퓨터 교육 석사, 다양한 교수학습법과 인공지능에 대한 관심을 토대로 석사 논문 –'스캠퍼 기법을 활용한 컴퓨팅 사고력 기반 프로젝트 학습 프로그램 개발',
한국컴퓨터교육학회 '인공지능 교육의 현황과 학교 및 교사의 역할 변화 예측' 저술

최민정 선생님

현 경기도 중학교 교사
한국교원대학교 컴퓨터교육과 학사
한국교원대학교 융합교육연구소 학술 저널 – '컴퓨팅 사고력 향상을 위한 PBL수업 연구' 저술

책 소개

김지윤 (제주대학교 교육대학 초등컴퓨터교육전공 교수)

　인공지능의 개념과 활용에 대해 탐구한 《AI를 공부하기 위하여 어떻게 해야 되겠는가》라는 책을 소개합니다. 이 책은 컴퓨터교육 국내 1호 박사인 이태욱 교수님과 학교현장 전문가인 초등학교 임승찬 선생님, 중학교 최민정 선생님, 고등학교 최민영 선생님이 집필하셨습니다.

　이 책은 AI가 어떻게 문제를 해결할까요, AI와 우리 친구 할까요, AI와 함께 미래를 디자인해요, AI와 창의적으로 탐구해요 등 다양한 주제들을 다룹니다. 인공지능의 기술적인 면뿐만 아니라 인문학적인 면도 고려하여 폭넓고 깊이 있는 실생활 자료를 제공합니다. 또한 최신 연구와 사례를 풍부하게 소개하여 인공지능의 현재와 미래를 살펴봅니다.

　이 책을 읽고 나니 인공지능에 대해 새로운 시각과 지식을 얻었습니다. 인공지능이 우리의 삶과 사회에 미치는 영향과 책임에 대해 생각해 보게 되었습니다. 인공지능이 인류에게 가져다줄 기회와 도전에 대해 흥미롭고 긍정적으로 바라보게 되었습니다.

　인공지능에 관심이 있는 모든 분께 이 책을 추천합니다. 이 책은 인공지능의 전문적인 지식뿐만 아니라 인공지능의 문화적인 의미와 가치도 알려줍니다. 이 책을 통해 인공지능의 시대를 준비하고 창조하는 데 도움이 되시기를 바랍니다.

 **들어가며**

> 이 글을 읽는 학생에게,

나도 인공지능을 알아야 할까?

"거대한 공룡이 알에서 깨어나고 있어요!"

거대한 공룡이 알에서 깨어나 돌아다닌다면 어떤 느낌이 들까요?

나는 여러분과 같은 학생들을 가르치는 선생님입니다. 우리 반 학생들도 인공지능을 처음 만나고 체험할 때는 신기해하기만 했습니다. 그런 학생들이 몇 달 후에는 익숙해져서 새로운 인공지능 정보를 가지고 와서 친구들과 정보를 나누는 모습을 보았답니다. 그 모습을 바라보며 인공지능은 너무 어려워서 어른들만 알아야 한다는 생각을 바꾸게 하여 주었습니다.

인공지능은 거대한 공룡의 크기만큼 우리의 생활을 크게 바꾸어 놓을 것입니다. 불과 몇 년 전에는 대부분 컴퓨터는 가방보다 커서 집이나 학교에서만 사용할 수 있었지요. 그러다가 휴대폰에 컴퓨터의 기능을 담아 들고 다닐 수 있게 되자 사람들은 신기함에 놀랐고 지금은 누구나 들고 다니게 되었습니다. 어때요? 인공지능도 그렇게 우리의 생활을 바꾸게 될 것입니다.

우리 학생들은 끊임없이 묻고 또 묻는 지적 호기심이 많은 시기입니다. 이제는 어른들에게 지식을 여쭈어보고 배우는 방식도 바뀔 것입니다. 전에는 인터넷으로 검색하고 그중에서 적당한 답을 찾아 검색하고 또 검색하였습니다. 최근 챗GPT는 대화창에 선생님께 여쭈어보듯 글을 적으면 바로 짧은 답이든 긴 답이든 질문에 맞추어서 답을 합니다. 이제는 물건을 주문하면 바로 문 앞에 배달해 주듯이 인공지능이 내 컴퓨터에 내가 원하는 답을 정리해 줍니다. 질문하는 방법을 잘 익힌다면 찾고자 하는 답을 쉽게 찾을 수 있는 시대가 되었습니다.

곧 AI가 도와주는 디지털교과서가 나올 것입니다. 태블릿PC에 담긴 미래의 교과서는 지금의 교과서처럼 똑같지 않고 각각 개성에 맞게 능력에 맞게 흥미에 맞게 만들어진 자신의 교과서가 될 것입니다. 벌써 신기하다는 생각이 들지 않나요? 이제는 무거운 가방을 들고 다닐 필요가 없을 것입니다. 그동안 고생이 많았지요? 교과서를 가방에 넣고 더 넣지 못한 책들은 보조 가방에 넣고 힘들었던 개학 날, 등굣길! 그날, 비가 온다면……. 더 생각하고 싶지 않아요. 이제 가방은 안녕. 보조 가방에 교과서와 과제도 담긴 태블릿PC 하나만 들고 룰루랄라 마음 편하게 학교에 가면 발걸음도 가볍겠지요?

아는 문제를 친구들과 똑같이 반복하는 일도 이젠 그만! 내가 모르는 문제, 알아야 하는 문제, 중요한 문제만을 더 반복한다면 얼마나 공부가 쉬워질까요? 그 일을 누가 하냐고요? ○○가 합니다.

○○는 AI. 우리말로 ㅇㅡㄱㅡㅈㅡㄴ!

ㅇㅡㄱㅡㅈㅡㄴ은 인공지능!

인공지능은 곧 내 옆의 친구처럼 자세하고 쉽게 설명해 주고 도와줄 것입니다.

이만하면, 착한 공룡이지요? 더구나 덩치가 큰 공룡이라 큰 힘을 낼 수 있을 것입니다. 더 많이 인공지능을 알면 알수록 친한 친구가 되어 더 많은 힘을 이용할 수 있겠지요?

그림을 많이 넣었으니까 쭉 훑어보기도 하고 새로운 내용은 여러분의 상상력을 더하며 읽으면 더 좋겠습니다.

> 학생을 위해 이 책을 읽는 선생님께,

선생님은 학생에게 인공지능을 어떻게 수업할 것인가?

　코로나를 지나며 디지털 세상이 급격하게 바뀌고 있습니다. 이러한 변화는 사실, 오래전부터 저변에서 서서히 쌓이고 있었습니다.

　이는 여러 생활과 산업을 함께 깨우게 될 것입니다.

　그래서 인공지능에 관한 많은 책이 쏟아지고 있지만, 어린이들이 소화할만한 책들이 아직 많지 않아 소외되고 있다는 생각이 들었는데 미래의 새싹들을 가르치는 교사로서 아쉬움을 담을 기회가 왔습니다.

　그래서 개인적으로 양철우 회장님의 우직한 70여 년 외길 경험에서 나온 선견과 이태욱 교수님의 깊은 학문적 성찰과 시대적 사명감에 대하여 작으나마 동참할 수 있게 됨을 진심으로 감사하게 생각합니다.

　아인슈타인과 같은 유명한 학자들은 갑자기 유명한 과학자가 된 것이 아니라 어릴 때부터 과학적 호기심을 갖고 탐구하며 꿈을 이어갔기 때문입니다. 과학자뿐일까요? 기업가도 프로그래머도 사고력과 창의력을 깨울 수 있는 문제의식이나 탐구심이 선행되어야 합니다. 학생들에게 "나도 해 보아야지!"라는 생각과 의지를 자극하는 것이 필요합니다.

　부피가 큰 컴퓨터에서 한 손에 쥘 수 있는 스마트폰의 혁신을 일으킨 스티브 잡스처럼 우리 아이들이 커다란 변동성 속에서 멋진 리더로서의 꿈을 펼칠 수 있는 어른들의 교육 혁신이 필요합니다. 이러한 노력은 10년 후에는 디지털 혁명 속의 우리 학생들은 K-Pop의 BTS처럼 디지털 세상을 빛낼 것입니다.

시대적인 큰 패러다임 앞에 다가올 미래를 위해 늦출 수 없는 당위성으로 작지만, 한 걸음 나아가야 합니다. 그리고 이어서 누군가가 교육자든, 기업가든, 행정가이든, 학부모이든 협력의 고리를 연결할 수 있는 영웅들이 나타나길 기대합니다. 우리의 교육열은 다음 세대에 정말 필요한 것을 채워주고 거대한 꿈을 함께 꾸며 뚜벅뚜벅 걸어가게 될 것입니다.

최근 챗GPT는 우리 교육의 흐름을 크게 바꾸어 놓았습니다. 인공지능이 우리에게 다가오는 모습을 유심히 바라보아야만 합니다. 지식은 이제 컴퓨터에게 맡기고 그것을 사용하는 지혜를 키워주어야 합니다. 이러한 지혜는 나무 줄기에서 가지가 자유롭게 뻗어가듯 소중한 기회를 주는 역할이 됩니다.

교육에서 챗GPT를 인터넷 검색하는 정도로 사용한다면 제대로 쓰는 것이 아닙니다. 상호작용이라는 맛을 가미하여야 합니다. 이 책에서 안내한 유형대로 학생들이 챗GPT와 상호작용하는 방법을 활용하고 실천하면 인공지능 기술을 창의적으로 활용할 수 있는 기회가 될 것입니다.

교육의 최전선에 계신 선생님들께 이 책에 담은 메시지는 다음과 같습니다.

"선생님은 학생에게 인공지능을 어떻게 수업할 것인가?"

그림 속의 교실 환경과 이야기 속 주인공의 고민과 활동에는 미래의 수업이 어떻게 진행되고 있는지 작은 팁을 제공하고자 하였습니다.

늦은 밤, 무수한 별들을 바라보며 저자 일동 올림

차례

1 AI가 어떻게 문제를 해결할까요

1	인공지능, 너는 누구니?	12
2	인공지능 로봇의 센서를 알아보아요	18
3	운전을 대신하는 자율주행차	23
4	유미의 지도로 학습을 해요(1)	27
5	유미의 지도로 학습을 해요(2) – 퓨처의 활약	36
6	퓨처가 스스로 학습을 했어요	44
7	사람처럼 복잡한 학습을 해요	56

2 AI와 우리 친구 할까요

8	인공지능으로 VR체험을 생생하게 해요	64
9	메타버스에서 인공지능은 어떤 일을 할까요	68
10	인공지능으로 꿈을 이루어요	74
11	인공지능은 미래의 교과서를 이렇게 바꾸어요	79
12	인공지능이 생활을 이렇게 바꿔요	82
13	민간요법에도 인공지능을 쓴다면	86

3 AI와 함께 미래를 디자인해요

14	인공지능 심판이 등장했어요	91
15	더 나은 미래를 그려요	97
16	5월 20일은 벌의 날, 지구는 벌이 필요해요	101
17	단 하나의 지구, AI로 지켜요	107
18	여러분은 어느 쪽인가요?	111
19	미래에도 친구가 되기 위한 약속 – 인공지능 윤리	115

4 AI와 창의적으로 탐구해요

20	챗GPT, 빙(Bing), 구글 바드(Bard) 삼총사	125
21	챗GPT로 외국어 역할 놀이를 해요	129
22	챗GPT로 유명인과 가상대화를 해요	133
23	챗GPT로 퀴즈 대결도 하고 바드로 창의적 활동을 해요	138
24	챗GPT로 토론 연습을 해요	143
25	한국말을 잘 아는 클로바 X, 엑사원, 아숙업	147
26	인간지능 vs 인공지능	151

 등장 인물

안녕하세요! 저희는요~

이름	김유미	박진수
간단한 소개	6학년 초등학생이고 친구들에게 인공지능 과학자로 불리고 로봇 퓨처를 개발하고 있습니다.	6학년 초등학생이고 유미의 친구입니다. 잘 잊거나 실수를 많이 하는 편이나 명랑합니다.
MBTI	ENTJ	ESFP
성격	친절하고 협조적이다(E). 아이디어를 잘 활용한다(N). 프로젝트를 즐긴다(T). 계획한 일을 열심히 한다(J).	배려하며 웃음이 많다(E). 현실적이다(S). 예의가 바르고 친밀하다(F). 즉흥적인 면이 강하다(P).

퓨처

인공지능 로봇입니다.
아직은 유미가 개발 중입니다.
그러나 여러분과 함께 문제를 해결할 것입니다.

AI가 어떻게 문제를 해결할까요

1	인공지능, 너는 누구니?	12
2	인공지능 로봇의 센서를 알아보아요	18
3	운전을 대신하는 자율주행차	23
4	유미의 지도로 학습을 해요(1)	27
5	유미의 지도로 학습을 해요(2) -퓨처의 활약	36
6	퓨처가 스스로 학습을 했어요	44
7	사람처럼 복잡한 학습을 해요.	56

1 인공지능, 너는 누구니?

인공지능?

너는 누구니?

컴퓨터가 다음의 일을 할 줄 아는지 물어보아요.

사람의 얼굴을 구별할 수 있나요? 예.

수많은 데이터를 스스로 학습할 수 있나요? 예.

사람의 말소리를 알아들을 수 있나요? 예.

글을 알아내고 읽을 수 있나요? 예.

사람처럼 스스로 판단하고 어떻게 될지 알려줄 수 있나요? 예.

'예.' 라고 대답한 것들은 인공지능 자격이 있는 것입니다.

인공지능은 사람처럼 학습하고 생각하며 문제를 해결합니다.

많은 데이터에서 가려내어 비슷한 규칙도 찾아냅니다.

다음 그림은 무엇과 관계 있을까요?

| ㅇ | ㄱ | ㅈ | ㄴ |

    유미는 퓨처가 인공지능 로봇이 되기를 간절히 바랐기에 꿈에서도 퓨처가 나타났어요.
    퓨처가 인공지능 로봇이라면 말을 할 수 있어야 해요.
    퓨처가 인공지능 로봇이라면 공을 볼 수 있어야 해요.
    퓨처가 인공지능 로봇이라면 스스로 연습을 할 수 있어야 해요.
    사람의 말소리도 알아들을 수 있고 글을 읽을 수 있으면 더 좋겠지요?
    위의 한 가지라도 갖추면 인공지능입니다.
    여러 가지를 갖춘다면 많은 문제를 해결할 수 있겠지요?

 여러분이 가지고 있는 스마트폰은 인공지능 기능이 있을까요?

**함께 해결해요**

인공지능인지 아닌지 구분해 보세요.

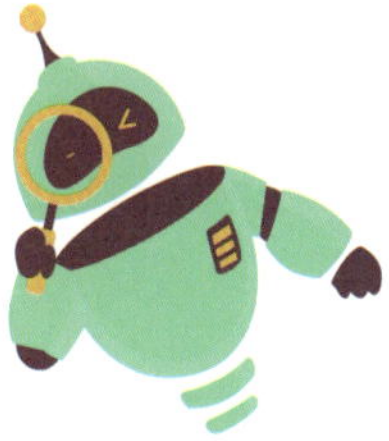

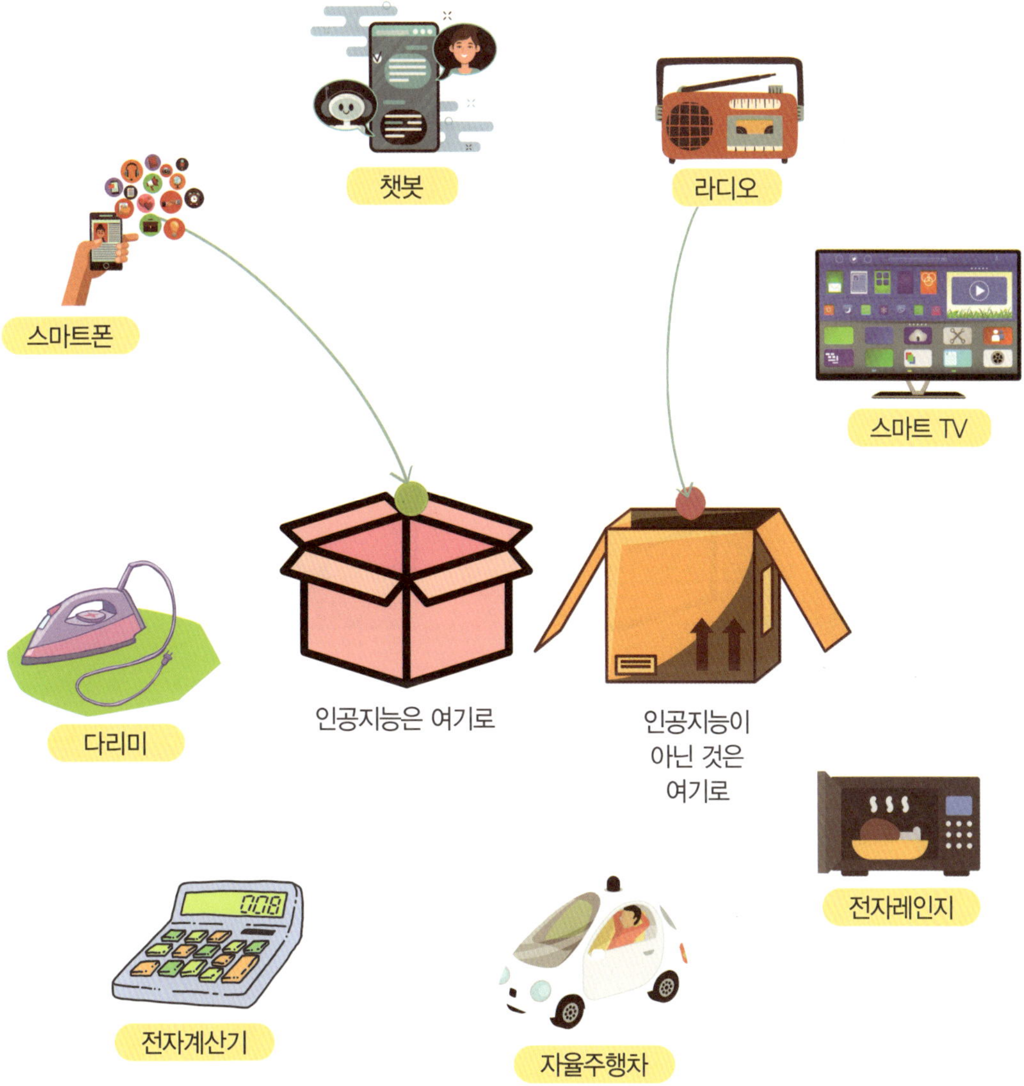

챗봇

라디오

스마트폰

스마트 TV

다리미

인공지능은 여기로

인공지능이 아닌 것은 여기로

전자계산기

자율주행차

전자레인지

# 함께 해결해요

인공지능인지 아닌지 구분해 보세요.

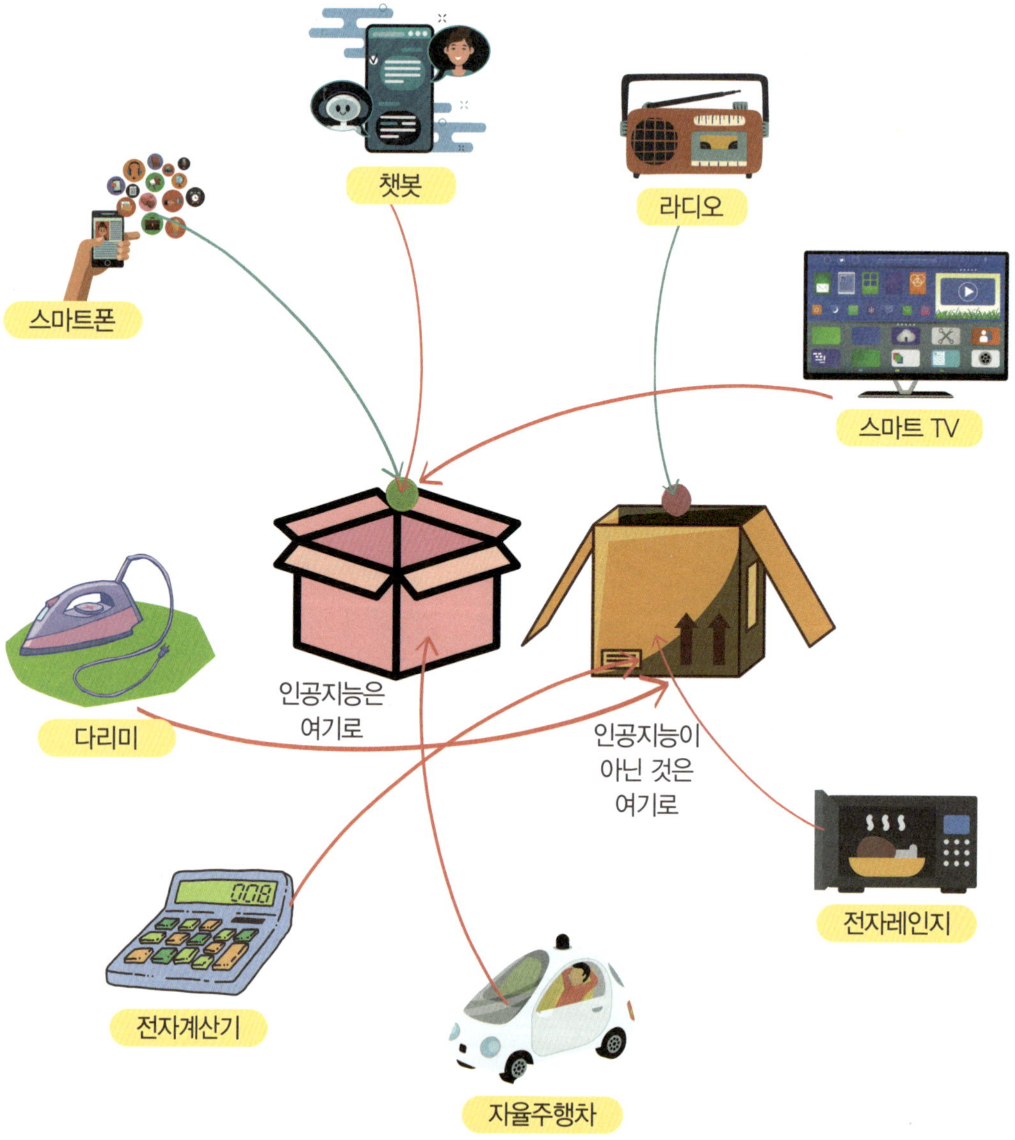

챗봇 · 라디오 · 스마트폰 · 스마트 TV · 다리미 · 전자레인지 · 전자계산기 · 자율주행차

인공지능은 여기로

인공지능이 아닌 것은 여기로

이해해요

전자레인지는 말을 할 수 없어요.
전자레인지는 볼 수도 없어요.
전자레인지는 스스로 판단할 수도 없어요.
전자레인지는 사람의 말을 알아들을 수 없어요.
그렇지만 앞으로 인공지능 기술이 포함된다면 인공지능 전자레인지라고 부를 수 있어요.
닭 재료가 들어온 것을 안다면 인공지능 전자레인지!
사람이 무엇을 해 달라는 말을 알아듣는다면 인공지능 전자레인지!
요리가 다 되었다고 말로 알려주면 인공지능 전자레인지입니다.

 냉장고가 인공지능 냉장고가 되려면 어떤 기능이 더 있어야 할까요?

2 인공지능 로봇의 센서를 알아보아요

미래의 인공지능 박사, 유미는 인공지능 로봇 퓨처를 완성하기 위하여 연구하고 있습니다. 오늘은 사람과 같이 눈과 귀의 역할을 하도록 만들고 있어요. 퓨처에게 필요한 센서는 어떤 것이 있을까요?

시각 센서
영상으로 촬영하고 물체를 알아보는 데 사용되는 센서

청각 센서
주변 환경의 소리를 감지하고, 소리에 대한 정보를 추출합니다.

알아서 잘 따라옵니다.

센서를 생활에 잘 이용하면 편리합니다. 여행용 가방을 잡지 않아도 저절로 주인을 따라가기도 합니다.

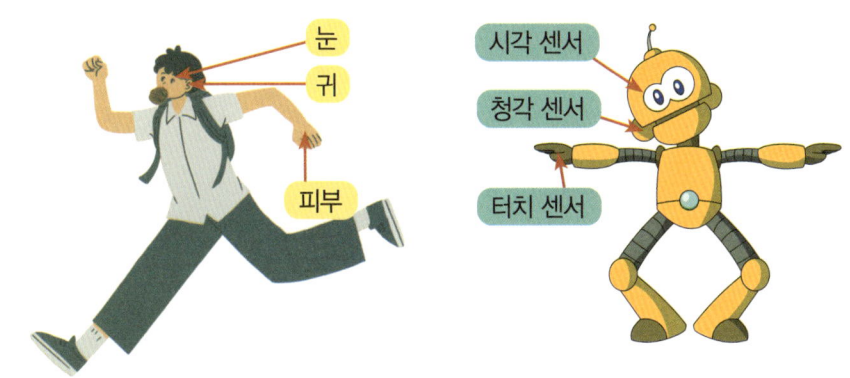

	사람	인공지능
시각	눈	더 빠른 이미지 처리
청각	귀	더 넓은 주파수를 감지
촉각	피부	인간보다 민감하지 못하지만 더 빠르고 정확한 감지

진수는 요즘 배가 많이 나와 다이어트를 하고 있습니다.
그래서 걷기 운동을 꾸준히 하고 있습니다.
"유미야, 나, 요즘 좋아 보이지 않니?"
"글쎄, 아직은 여전한 것 같아."
그러자, 기대했던 진수는 시무룩해졌습니다.
"걸음수 측정 앱을 설치해서 계획적으로 해보는 것이 어때?"

진수는 호기심이 생겨서 유미의 스마트폰을 보았습니다.
"참 신기하네. 건강 관리가 되겠네."
"내비게이션에도 작동되는 가속도계 센서인데 위치 및 움직임을 측정해 줘."
"스마트폰앱에도 이런 움직임을 측정하는 센서가 있다니 얼른 나도 앱을 설치해야지."

도구를 잘 사용하면 일을 쉽게 할 수 있어요.

 아직도 스마트폰을 전화로만 사용하지 말고 더 나은 도구는 없는지 찾아봐요.

자이로스코프 센서는 전동이륜평행차, 드론에서 균형을 잡아줍니다. 이런 원리로 로봇이 쓰러지지 않게 역할을 합니다.

 함께 해결해요

우리가 자주 먹는 김치가 있어요. 맛 센서를 이용하여 잘 익었는지 덜 익었는지 알 수 있어요.

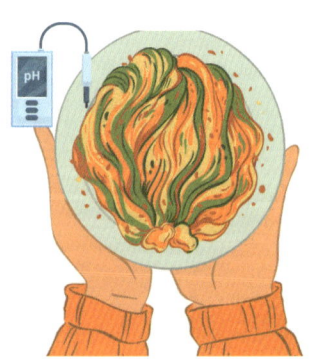

> ❓ 인공지능이 냄새 센서를 이용하여 어떤 일을 할 수 있을까요?

✓ 이런 대답도 있어요

 **이런 기술도 있어요** 로봇은 위험한 일을 사람 대신 합니다.

소방관 아저씨들의 위험한 일을 돕습니다.

산불의 위치나 규모를 알려 줍니다.

광물을 채집하거나 사진을 촬영하며 우주 탐사를 합니다.

센서가 보내준 데이터로 인공지능은 화재 예측과 진화 작전을 수립합니다. 우주 로봇은 스스로 판단하여 움직임을 개선하고, 탐사 임무를 잘할 수 있습니다.

다음 내용을 그림으로 상상하여 그려 봅시다.

농업 로봇은 농작물의 올바른 습도를 유지하기 위해 로봇은 습도센서를 사용하여 토양 습도를 측정합니다. 적정 수분 레벨을 유지하기 위해 로봇은 필요한 양의 물을 뿌립니다.

3 운전을 대신하는 자율주행차

운전을 못하는 사람도 혼자 자율주행차를 타고 갈 수 있습니다.

가는 장소를 내비게이션에 말을 하면, 알아듣고 안전하게 데려다 줄 것입니다.

자율주행자동차가 이러한 역할을 하려면 여러 가지 센서가 필요합니다.

자, 그러면 우리가 배웠던 센서를 기억해 볼까요? 초음파 센서, 시각 센서, 청각 센서, 자이로스코프 센서 등이 있었지요?

 자율주행차에는 어떤 센서가 필요할까요?

　자동차 사고가 났군요. 잠깐 졸음운전을 했는데 사고가 났어요.

　앗, 자동차 앞에 고양이! 그러나 자율주행차는 이미 알고 속도를 늦추고 멈추었습니다. 자율주행차는 초음파 센서로 차량 주변 거리를 알려 주고 물체가 가까이 있으면 알아내고 차를 멈추게 합니다.

　진수는 가족들과 오랜만에 여행을 갔었습니다.

　얼마 가지 않아 앞에 차가 갑자기 멈추는 바람에 앞의 자동차와 충돌하였습니다.

　"우리 아빠는 전에도 사고가 났었는데, 이번에도……."

　"모처럼의 즐거운 여행에 문제가 생겼구나."

　유미가 걱정하면서 유미의 어머니에 대하여 말해 주었습니다.

　"우리 어머니께서도 운전을 못 하셔서 '운전 베이비가 타고 있어요'라는 글을 차에 붙이고 다니셨는데 이제는 그런 걱정이 없어졌어."

　"어머니 운전 실력이 좋아지셨구나."

　"아니야, 최근에 아버지께서 어머니를 위해 자율주행차를 사주셨어. 자동차가 알아서 거리를 유지하며 가장 빠른 길을 찾아 줘."

　진수는 유미의 어머니께서 자율주행차를 운전하신다는 말에 부러워졌습니다.

　운전을 잘하려면 시선을 멀리해서 예견할 줄 알아야 합니다. 다가오는 우리의 미래도 미리 앞서 보는 습관이 필요합니다.

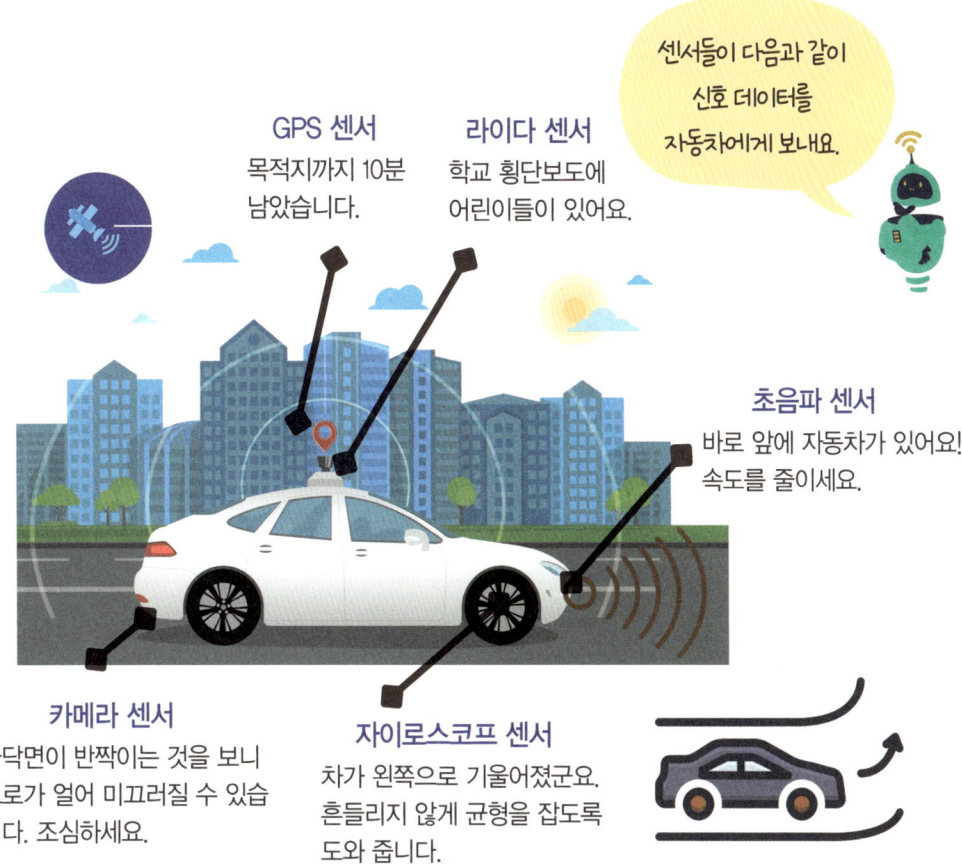

 다음 센서가 없다면 어떤 일이 벌어질까요? 아래에 적어 봅시다.

 이런 대답도 있어요

GPS 센서가 없다면
현재 위치를 정확하게 알 수 없어 자율주행이 어려울 수 있습니다.

카메라 센서가 없다면
신호등을 모르고 지나가는 사람을 볼 수도 없어요.

센서는 눈과 귀의 역할을 하며 인공지능이 판단할 수 있는 많은 데이터를 제공합니다. 다시 한번 센서들을 정리하여 봅시다.

센서	하는 일
라이다 센서	레이저 빔을 보내어, 빔이 물체에 부딪혀 돌아오는 시간을 측정하여 거리와 방향을 계산합니다. 이를 통해 자동차 주위의 장애물을 정확하게 알아낼 수 있습니다.
초음파 센서	초음파 센서는 소리의 반사 시간을 측정하여 거리를 계산하는 센서입니다. 자동차의 앞과 뒤, 옆 등에 설치되어 주변의 장애물과의 거리를 측정하고 감지합니다.
카메라 센서	영상을 촬영하고 이미지 처리 기술을 통해 차선 인식, 신호등 인식, 보행자 및 차량 감지 등을 수행합니다. 카메라 센서는 시각적인 정보를 활용하여 차량의 주행과 상호작용을 지원하는 중요한 역할을 합니다.
GPS 센서	현재 위치 좌표를 파악하고, 이를 기반으로 경로 탐색, 내비게이션, 위치 기반 서비스 등을 제공합니다.
자이로스코프 센서	차량의 기울기, 회전, 방향 변경 등을 감지하여 자동차의 자세와 움직임을 파악합니다. 이를 통해 자율주행차는 정확한 방향 제어와 자세 유지를 할 수 있습니다.

4 유미의 지도로 학습을 해요(1)

이제 퓨처는 센서를 달았으므로 앞을 볼 수도 있고 들을 수 있게 되었습니다. 그러나 문제는 이제부터! 동물이나 물체를 알지 못합니다. 그래서 오늘은 고양이를 학습합니다.

처음이라 쉽지 않군요. 줄무늬만 가지고 수박을 고양이라고 하는군요!

이제 학습이 잘 되었는지 시험을 봐요. 처음보다 익숙하군요.

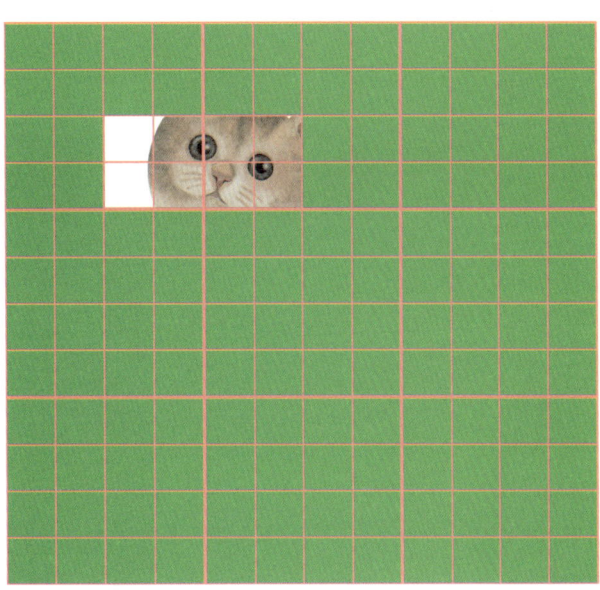

지금까지 학습한 것으로 비교하며 추리를 합니다.

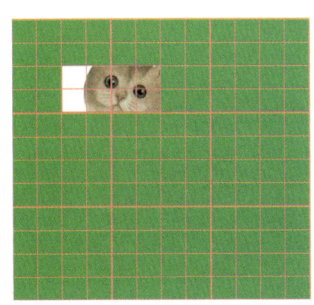

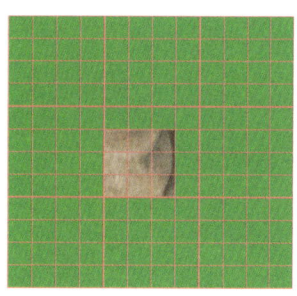

털 무늬로도 비교할 수 있어요.

여러 가지를 기준으로 비교하는군요.

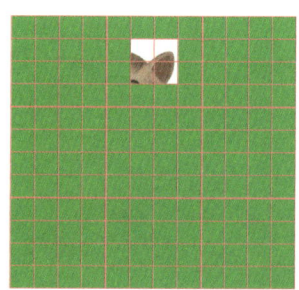

귀의 윤곽선이 학습한 고양이와 비슷해요.

드디어 맞추었습니다.

 퓨처는 고양이에 대하여 어떻게 학습 훈련이 되었을까요?

　퓨처가 고양이를 알아보려면, 고양이의 특징을 사진에서 찾아내야 합니다. 그래서 많은 고양이 사진을 모아서 퓨처에 가르쳐줘야 합니다. 이 사진들은 고양이의 눈, 코, 귀, 입, 털, 수염 등 다양한 부분을 담고 있어야 합니다.

　퓨처는 이 사진들을 보면서 어떤 부분이 눈이고, 어떤 부분이 코인지를 배웁니다. 그리고 그 부분들을 찾아내려고 노력합니다. 얼굴을 보면 눈과 코를 찾아내는 것처럼 말이에요.

　이렇게 퓨처는 사진을 보면서 고양이의 다양한 특징을 알아내고, 이런 특징들을 기억합니다. 그래서 고양이 사진을 보면 그게 고양이인지 알아낼 수 있습니다.

퓨처는 고양이인지 아닌지 어떻게 분류할까요?

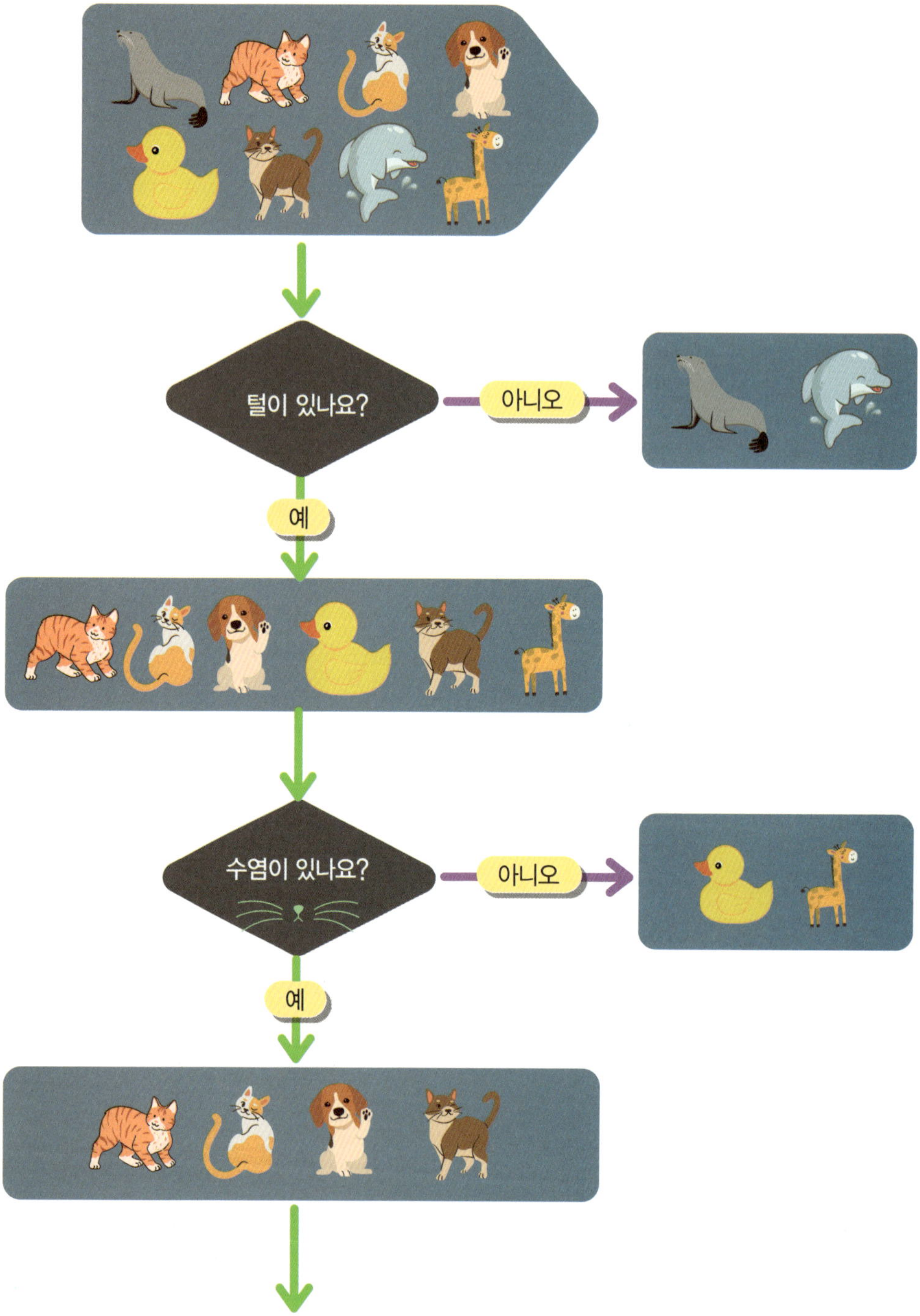

털이 있나요? — 아니오

예

수염이 있나요? — 아니오

예

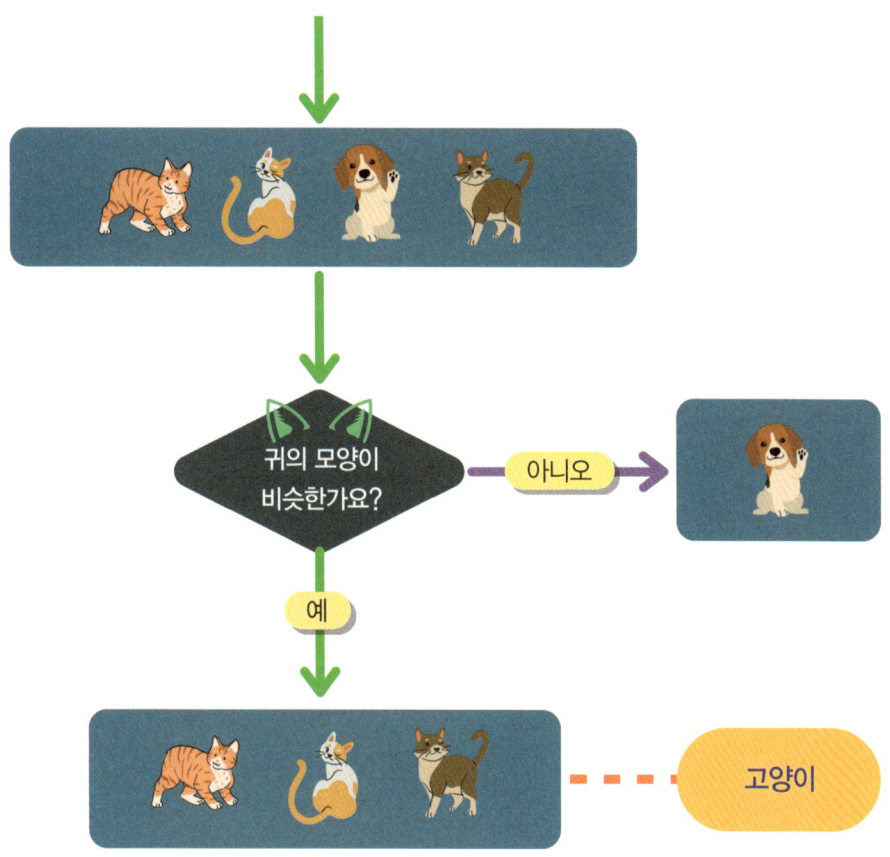

퓨처는 오늘 학습으로 고양이와 아닌 것을 구분할 수 있게 되었습니다.

털이 없는 돌고래와 바다사자를 제외하고,

털은 있으나 수염이 없는 오리와 기린을 제외하고,

털은 있고 수염이 있으나 귀의 모양이 다른 개를 제외하면

고양이들만 분류하여 학습할 수 있었답니다.

5 유미의 지도로 학습을 해요(2)
-퓨처의 활약

유미의 친구가 강아지와 산책하러 갔다가 강아지를 잃어버렸습니다.
찾아보기도 하고 유기견 보호소에도 연락하였으나 찾을 수가 없었습니다.
친구가 너무 슬퍼하여 어떻게 도울까 함께 고민하였습니다.

우선 동물 구조대 친구 모임에 SNS로 연락을 하였습니다. 비슷한 개를 발견하면 주변에 개 사진과 위치를 받기로 하였습니다.

마침 최근에 찍은 강아지 동영상이 있어서 퓨처에게 보이고 학습을 시켰습니다. 동영상에는 많은 사진이 들어 있기에 자료로 충분하였습니다.

SNS를 통해 매일 수백 건의 사진이 올라왔습니다. 그러나 사진이 많아 사람이 일일이 찾기가 힘들었습니다.

퓨처는 학습한 데이터를 사용하여 SNS에서 올라온 데이터로 잃어버린 강아지를 검색하기 시작하였습니다.

"너무 많아서 못 찾을 것 같아! 어떻게 찾을 수 있지?"

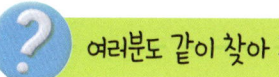 여러분도 같이 찾아 주세요.

얼마 안 있어서 퓨처가 말했습니다.
"찾았어요!"
많은 사진 자료에서 어떻게 찾을 수 있었을까요?

인공지능 퓨처는 사진을 검색하는 속도는 대략 사람의 수천 배 됩니다. 빠른 속도로 이미지를 처리하고 분석할 수 있으며, 대용량 데이터를 효율적으로 처리할 수 있는 기능을 갖추고 있습니다. 사람이 동일한 작업을 수행하는 데에 비해 훨씬 빠르게 이루어질 수 있습니다.

그러나 속도는 다양한 요인에 따라 차이가 납니다. 인공지능 시스템의 성능, 처리하는 이미지의 크기 및 복잡성, 네트워크 연결 등이 결과에 영향을 미칠 수 있겠지요? 또한, 특정 알고리즘과 하드웨어 설정에 따라 성능 차이가 발생할 수도 있습니다.

정리하자면, 일반적으로 인공지능은 사람의 몇 배에서 수천 배에 이르는 속도로 사진을 검색할 수 있으며, 이는 다양한 요인에 따라 다를 수 있습니다.

퓨처는 잃어버린 개를 어떻게 찾았을까요? 함께 따라가 봐요.

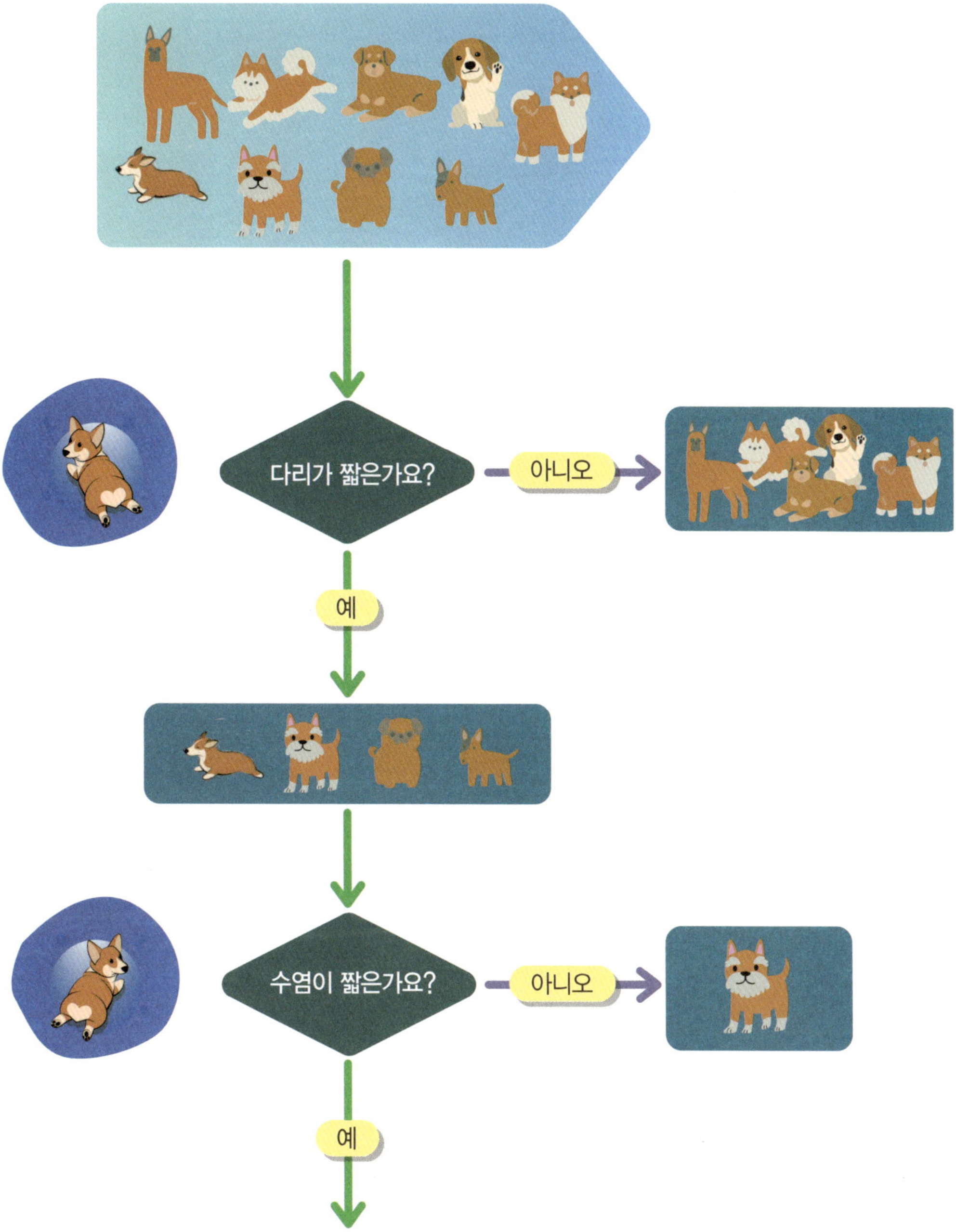

다리가 짧은가요? → 아니오

예 ↓

수염이 짧은가요? → 아니오

예 ↓

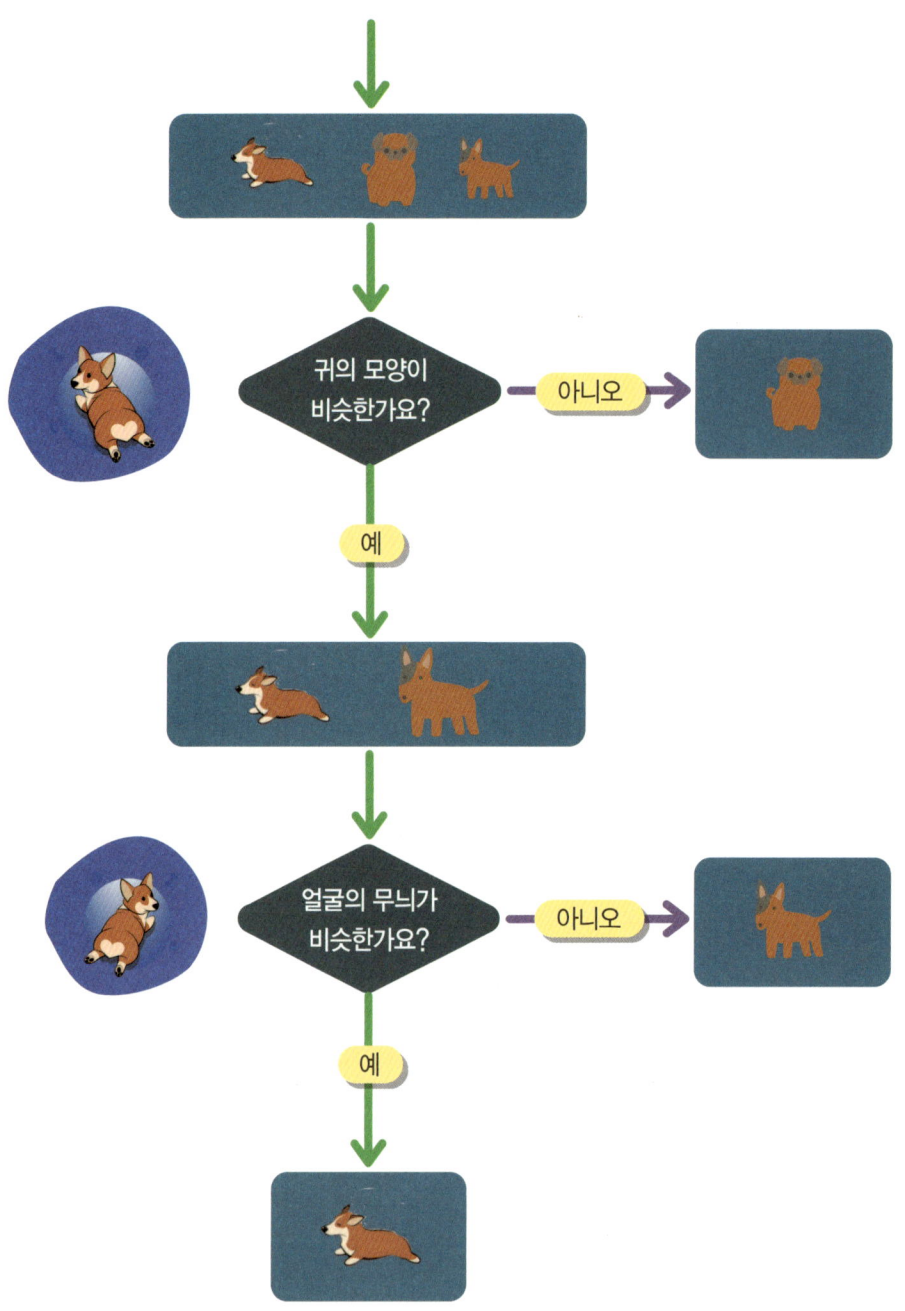

　　사진의 특성을 빠르게 잘 분류하였습니다. 사람들보다 많은 사진을 신속하게 처리하였습니다.

　　드디어 퓨처는 비슷한 사진을 찾을 수 있었습니다.

　동물 구조대 친구들과 연락하여 사진을 보내준 위치로 가서 드디어 잃어버린 강아지를 찾을 수 있었습니다.

　인공지능 퓨처는 자신의 능력을 잘 발휘하여 좋은 일을 하였습니다.

　주인의 표정을 보니 행복하게 보였습니다. 퓨처는 행복한 사람들의 표정을 전에 학습한 적이 있어서 알 수가 있었습니다.

 퓨처는 앞으로 어떤 좋은 일을 할 수 있을까요? 친구들과 이야기해 봅시다.

6 퓨처가 스스로 학습을 했어요

유미가 학교에 간 동안 퓨처는 혼자 학습을 하였습니다.
사람과 사람이 아닌 것을 분류하는 활동을 하였습니다.

며칠 전에 퓨처는 유미 사진을 찍어 주었습니다.
그러나 사진이 배경과 잘 어울리지 않았습니다.

퓨처는 사진의 배경을 지웠습니다.

퓨처는 사진의 배경을 바꾸어 주었습니다.
이렇게.

또 이렇게. 배경을 바꾸어 주었습니다.

그리고 이렇게도. 배경을 바꾸어 주었습니다.
어떻게 할 수 있었을까요?

유미의 지도를 받지 않고 혼자 스스로 한 학습!

앞에서 퓨처가 사람과 사람이 아닌 것으로 분류하는 학습을 한 것을 여러분도 기억하고 있지요?

사람과 사람이 아닌 것으로 분류할 수 있게 됩니다.
사람 경계선 주변을 배경으로 인식하여 삭제할 수 있습니다.

 퓨쳐는 어떤 생각으로 다음과 같이 나누었을까요?

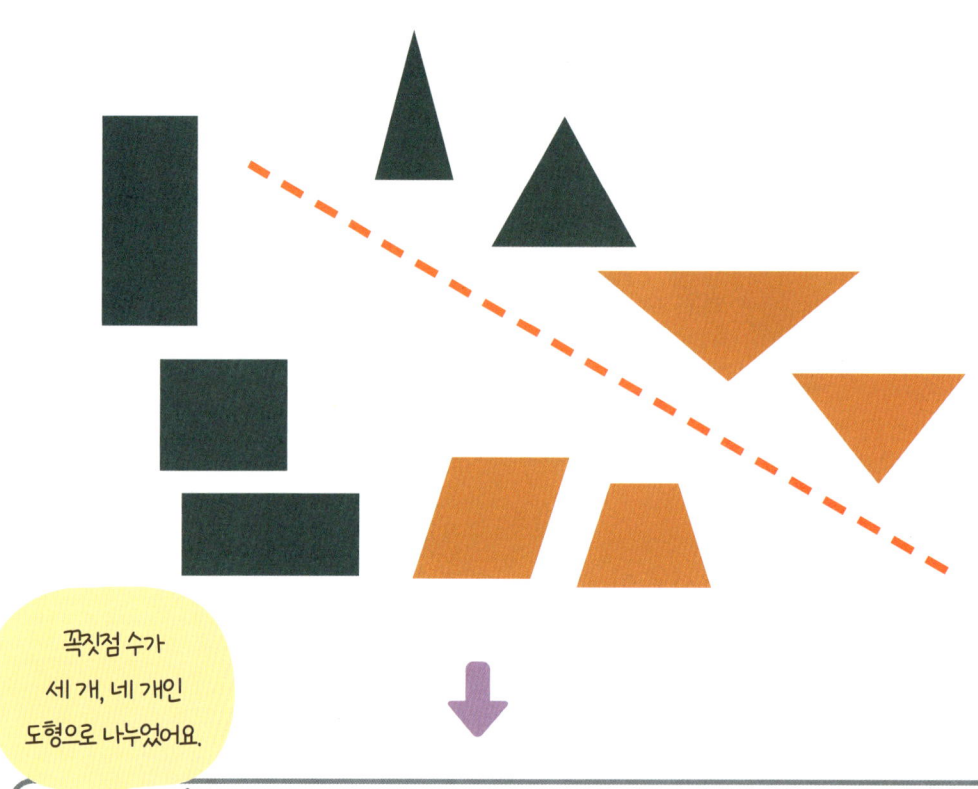

꼭짓점 수가 세 개, 네 개인 도형으로 나누었어요.

  퓨처는 어떤 생각으로 다음과 같이 나누었을까요?

색깔별로 나누었어요.

 퓨처는 어떤 생각으로 다음과 같이 나누었을까요?

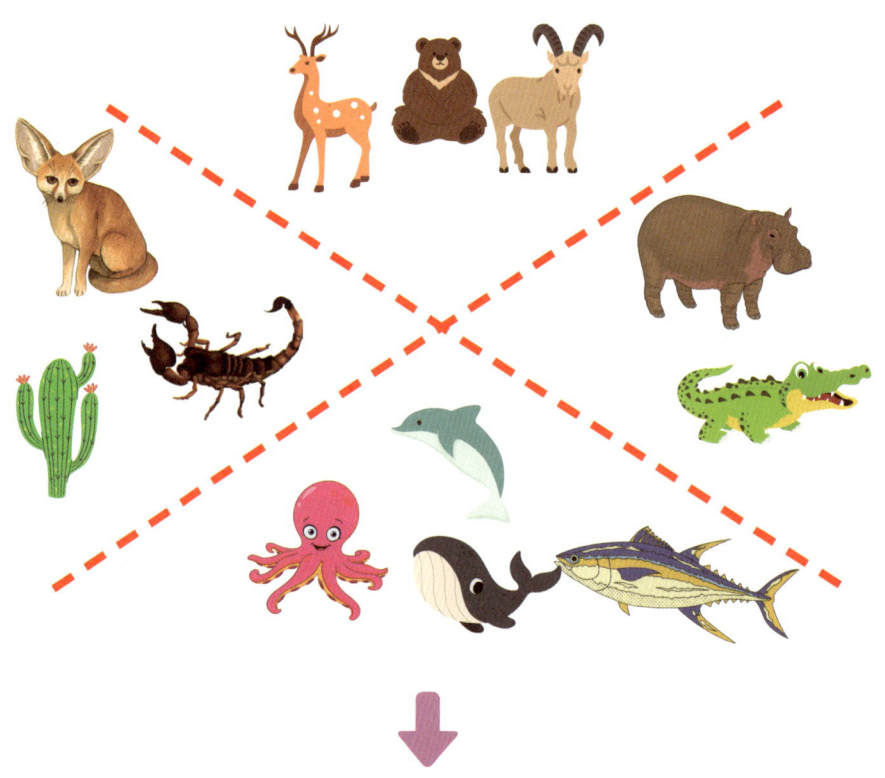

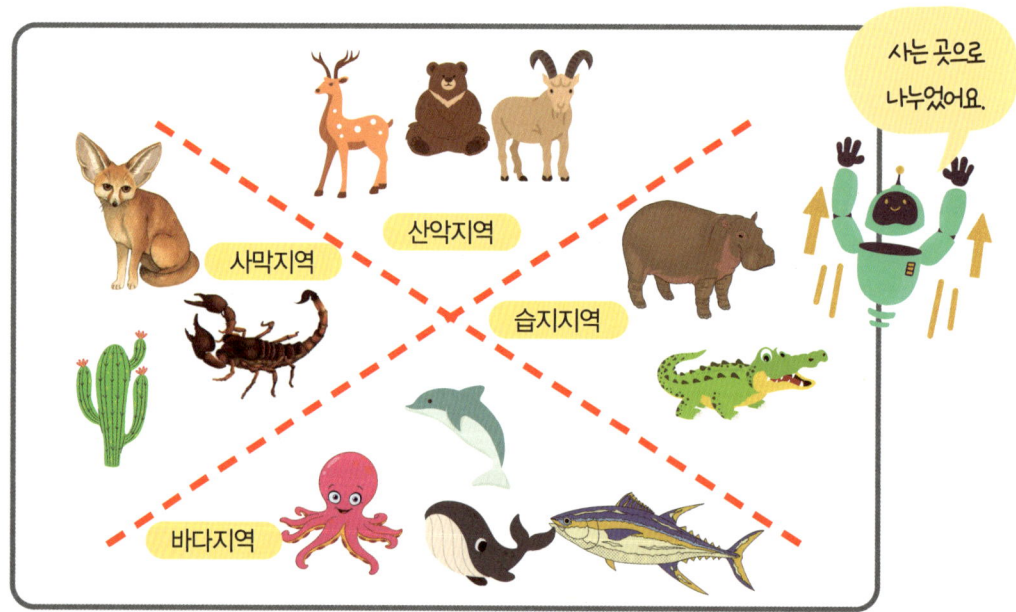

퓨처가 신이 났어요. 유미랑 함께한 지도 학습과 스스로 한 학습으로 실력이 많이 늘었기 때문이죠.

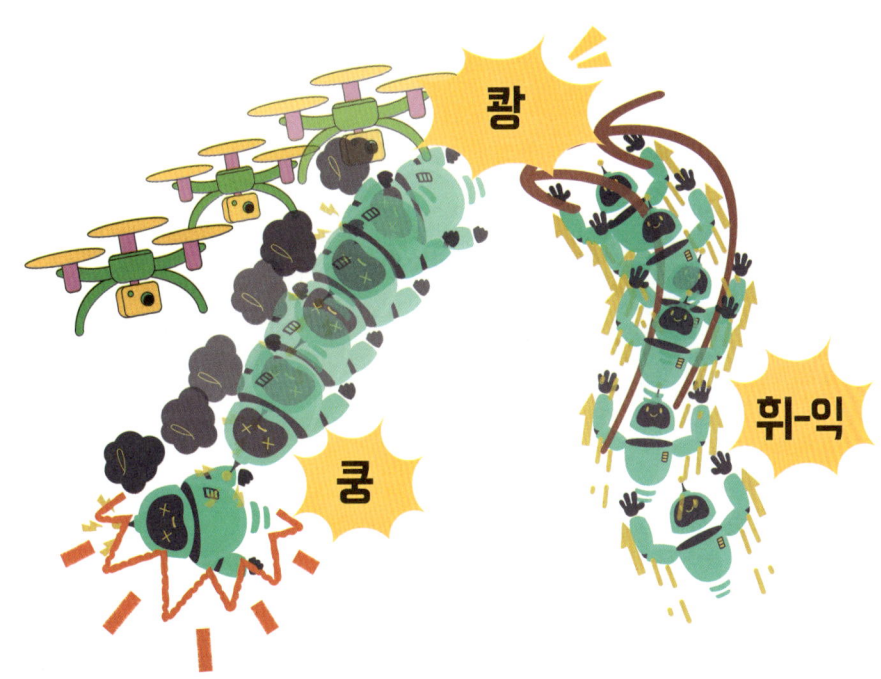

힘차게 움직이려는 순간, 드론과 부딪혀 그만 넘어지고 말았답니다. 아직도 마음처럼 움직일 수가 없었습니다.

퓨처! 힘을 내서 다음 단계를 천천히 시작해요.

안정적으로 걷거나 움직이기 위해서는 몸의 균형을 유지하고, 적절한 보행 패턴을 학습해야 합니다. 퓨처는 주변을 살피며 여러 번의 시행착오를 통해 스스로 학습하고 많은 점수를 받으려고 안정적인 동작을 개발해 나갑니다.

퓨처는 좋은 점수를 받기 위해 연습을 반복하다 보니 점차 균형을 잘 잡을 수가 있게 되었습니다.

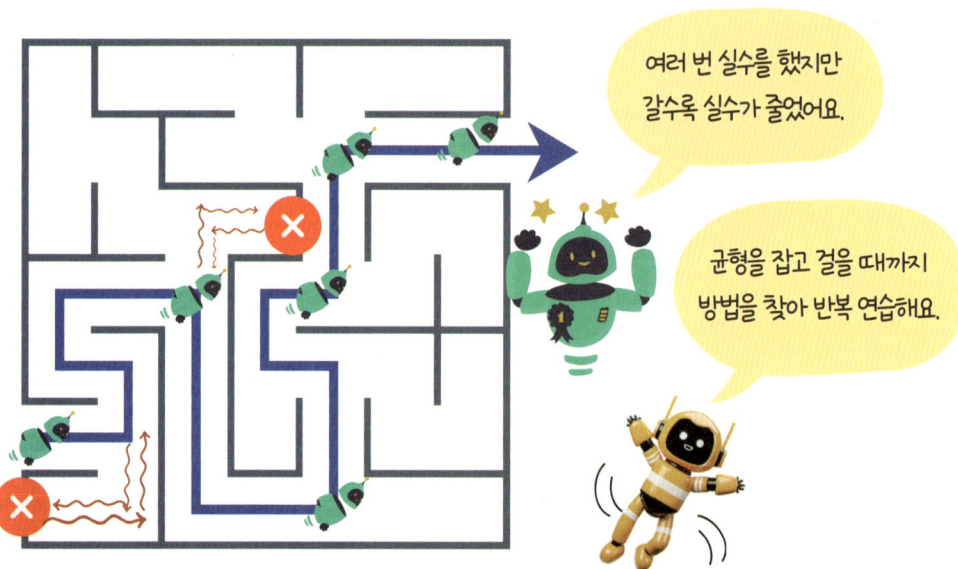

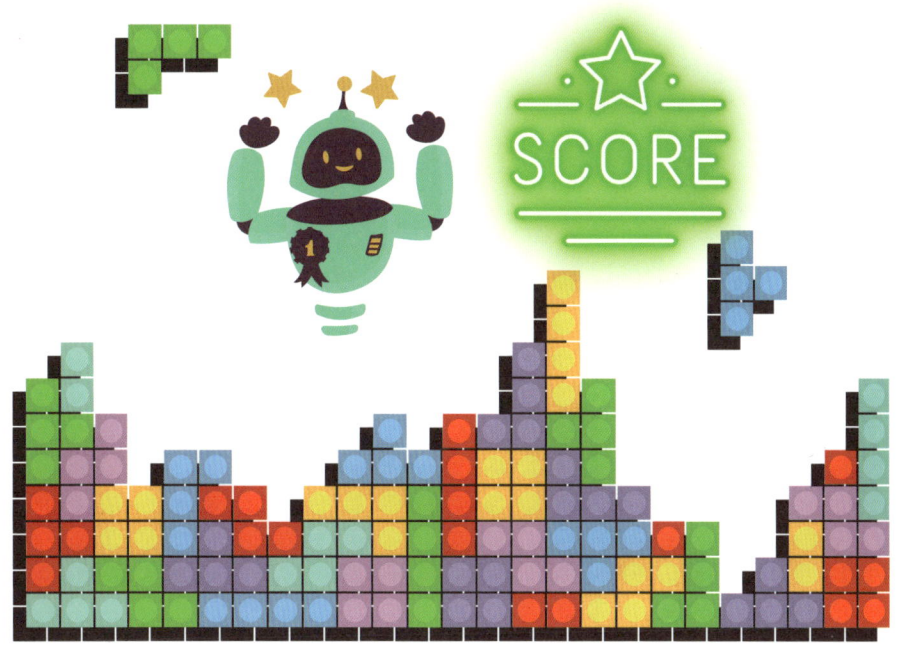

여러분도 게임을 할 때 점수를 높이려고 방법을 찾다 보면 점차 실력이 늘지요?

인공지능도 마찬 가지입니다. 강화학습이라고 해서 스스로 점수를 높이기 위한 방법을 터득하며 실력을 키웁니다.

 인공지능이 게임처럼 점수 보상을 받으며 잘하게 되는 것은 어떤 것이 있을까요?

7 사람처럼 복잡한 학습을 해요

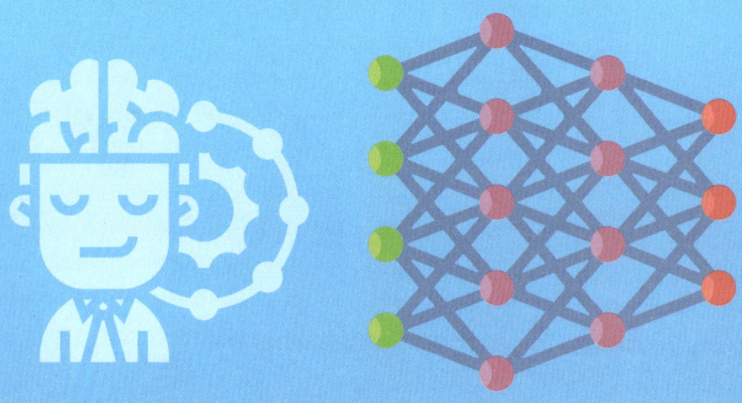

퓨처는 이제 사람의 뇌의 동작 방식처럼 딥러닝으로 복잡한 패턴을 스스로 찾아내는 학습을 해요.

지금까지는 유미가 정한 데이터로 가르쳐 준 특징을 사용하여 내용을 분류하는 방식이었습니다. 이제 딥러닝은 많은 데이터로부터 스스로 특징을 빠르게 학습하여 이미지를 분류하도록 할 것입니다.

곧 생신을 맞이하실 진수 할머니의 소중한 앨범 사진은 오래된 흑백 사진입니다.

생신 선물로 흑백 사진을 컬러 사진으로 바꾸면 할머니께서도 크게 기뻐하실 것으로 생각하였습니다.

"걱정하지마. 인공지능이 해결해 줄 수 있어."

유미는 얼마 걸리지 않아 흑백 사진을 컬러 사진으로 바꾸어 주는 앱을 사용하여 인쇄해 주었습니다.

이 앱은 어떻게 이런일을 할 수 있었을까요? 우선 옛날 사진을 디지털 사진기로 찍어 디지털 그림 파일로 만듭니다.

 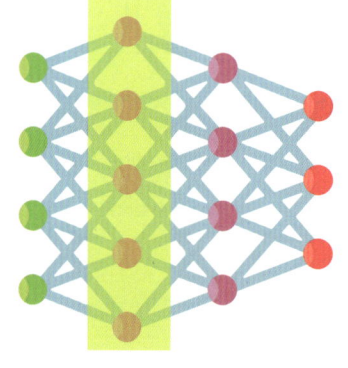

딥러닝에서 사진을 인식합니다.

사진에서 인공지능 딥러닝으로 흑백 사진의 특징을 학습하여 사람을 인식합니다. 얼굴 모양, 눈 모양, 코 모양과 같은 특징을 찾아냅니다.

 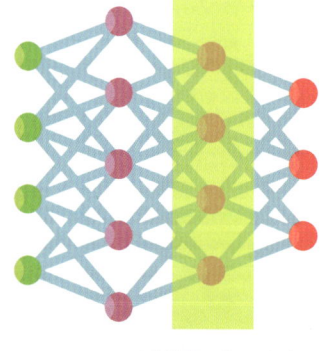

색상을 바꿉니다.

흑백 사진에서 사람을 인식하면 사람의 피부나 옷에 색상을 지정합니다. 사람의 눈, 코, 입의 특징에 따라 색상을 정합니다.

드디어 결과가 나왔습니다.

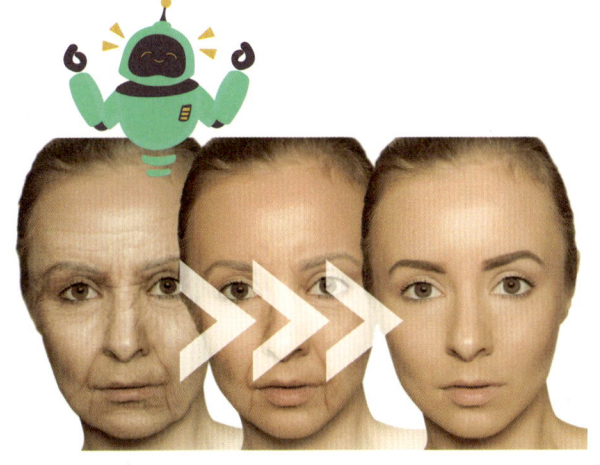

할머니의 젊은 시절 사진을 잃어버리셨는데 퓨처가 딥러닝 기술로 지금의 얼굴 모습을 옛날 젊은 시절 모습 사진으로 바꾸어 주었어요.

가족들은 즐겁게 옛날을 추억하며 앨범 사진을 행복하게 보았습니다.

 함께 해결해요

같은 학교 학생이 납치 되었어요. 10억을 요구하며 범인이 사진을 보내왔습니다. 과연 퓨처가 도와줄 수 있을까요? 여러분도 도와 주세요.

퓨처라면 어떻게 할까요?
여러분의 생각을 적어 보아요.
+ 아래 그림 힌트도 참고하세요.

얼굴 인식 시스템으로 범인과 유사한 사람을 찾습니다.

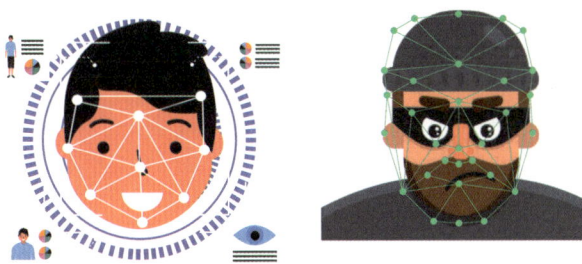

퓨처는 사진에서 범인의 얼굴 영역을 인식합니다. 얼굴의 위치와 크기를 파악하여 얼굴 특징을 찾아내었습니다. 눈썹, 이마, 눈 등과 같은 특징을 주로 얼굴의 형태, 색상, 밝기 등으로 찾아냅니다.

범인의 얼굴 특징을 데이터베이스에 저장된 다른 사람들의 특징과 비교합니다. 이를 통해 입력된 얼굴이 기존의 얼굴과 얼마나 일치하는 지를 확인할 수 있었습니다.

장소 인식 시스템으로 위치를 찾습니다.

인공지능 딥러닝을 대하는 지혜는

딥러닝도 만능이 아니라 접근할 때 경계해야 할 경우가 많습니다.

일반적으로 딥러닝의 **결과를 설명할 때 어떻게 해서 그런 결과가 나왔는지 설명하기가 애매모호합니다.** 즉 딥러닝의 처리는 블랙박스(black box) 모델이어서 풀어서 설명하기가 난해합니다.

일반적으로 딥러닝 모델을 학습하기 위해서는 엄청난 데이터의 양이 필요합니다. 그렇기 때문에 **데이터가 적은 경우에는 자연히 정확도가 떨어질 수밖에 없습니다.** 데이터 양이 적고 가벼운 모델이 필요한 경우에는 딥러닝이 정확하지 않을 수가 있기 때문에 사용하지 않는 것이 좋습니다.

 O, X인지 선택하여 보세요.

| 얼굴 인식 모델이 특정 인물의 사진만 학습되었다면, 다른 사람의 얼굴을 인식하는 데 어려움을 겪을 수 있습니다. | O | X |
| 고양이와 개의 사진이 적다면, 두 동물의 특징을 충분히 학습하기 어려워 정확하게 분류하지 못합니다. | O | X |

AI와 우리 친구 할까요

8	인공지능으로 VR체험을 생생하게 해요	64
9	메타버스에서 인공지능은 어떤 일을 할까요	68
10	인공지능으로 꿈을 이루어요	74
11	인공지능은 미래의 교과서를 이렇게 바꾸어요.	79
12	인공지능이 생활을 이렇게 바꿔요	82
13	민간요법에도 인공지능을 쓴다면	86

8 인공지능으로 VR체험을 생생하게 해요

보건교육 수업에서 심폐소생술을 배웠습니다. 응급 환자의 호흡이 멈추면 산소 공급도 중단되므로, 심폐소생술은 매우 중요한 역할을 합니다.

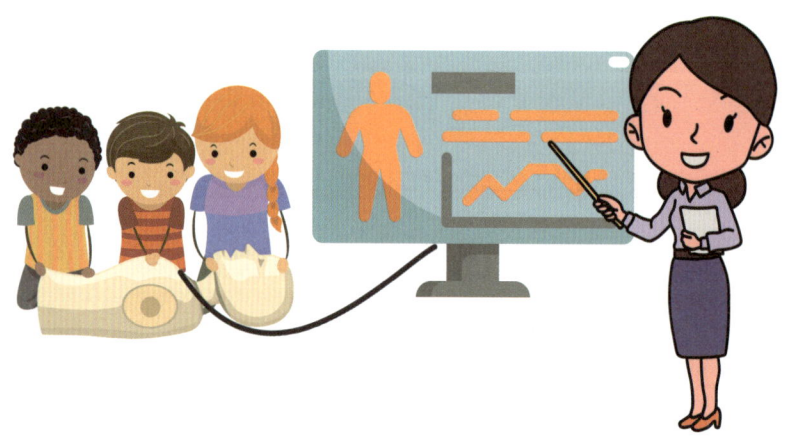

인공지능과 VR이 연결되어 우리가 한 심폐소생술로 환자가 잘 치료되고 있는지를 가상현실 환경에서 현실적인 시뮬레이션과 상호작용을 통해 학생들이 다양한 상황을 체험할 수 있도록 합니다.

 유미가 하는 심폐소생술 활동 결과에 대하여 인공지능이 모니터를 통해 안내를 해주었습니다. 누르는 위치와 속도를 음성으로 알려 주어 어떤 점을 더 잘해야 하는지 알 수가 있었습니다.

 인공지능 VR 심폐소생술로 다양한 상황에서 다양한 사람을 치료하는 방법을 배웠습니다.

인공지능으로 더 사실적이고 실제 있는 상황처럼 VR 심폐소생술 연습을 잘 마쳤습니다.
유미는 응급상황에서도 도움을 받을 수 있겠다고 생각을 하였습니다.

인공지능은 응급상황을 다른 사람에게 알리거나 119로 위치를 알려 줄 수 있습니다. 스마트워치나 웨어러블 기기는 심박수, 혈압 등을 측정하여 사용자의 건강 상태를 추적할 수 있습니다.

다양한 데이터를 활용하여 건강 상태를 확인할 수 있습니다. 예를 들어, 음성 인식을 통해 분석하거나, 카메라를 활용하여 표정이나 신체 움직임을 감지하는 등의 방법을 사용할 수 있습니다.

가상현실 환경에서 소화 활동을 체험하도록 하고 인공지능은 학생들의 동작을 보고 부족한 점을 알려 줍니다.

인공지능을 이용하여 가상으로 소방관이 되어 불을 끄는 체험도 할 수 있습니다.

❓ 인공지능으로 VR체험할 수 있는 것은 어떤 것이 있을까요?

9 메타버스에서 인공지능은 어떤 일을 할까요

진수는 친구들과 메타버스에서 게임도 하고 이야기도 나눕니다.
메타버스 가상 공간에는 진수가 움직이게 하는 캐릭터가 있습니다.
메타버스 가상공간에는 진수와 친구들의 캐릭터 외에도 인공지능 캐릭터가 길잡이를 해주고 있었습니다.

인공지능의 캐릭터입니다. 여기서는 가이드 역할을 하면서 이곳에서 다른 사람들과 이야기하며 활동을 도울 수 있어요.

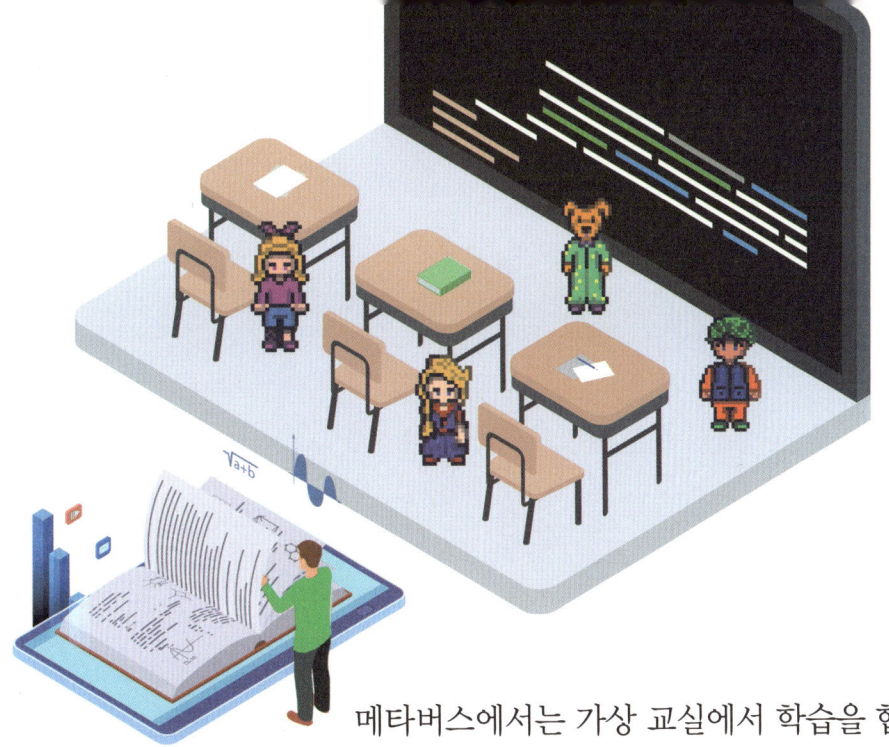

메타버스에서는 가상 교실에서 학습을 합니다. 인공지능은 학생들의 능력에 맞게 학습하도록 돕습니다.

인공지능은 여러 가지 분석 결과를 바탕으로, 학생이 특정 주제에 대해 이해력이 부족하다면, 해당 주제에 대한 보충 자료를 제공하거나 개별적인 지도를 제공할 수 있습니다.

 게임 같은 메타버스 세상에서는 인공지능이 글만 입력하면 다양한 배경과 물체들을 만들어 줍니다.

 "경찰서와 가게가 있는 도시를 만들어 주세요." 하면, 인공지능이 알아서 만들어 줄 수 있을 것입니다.

메타버스 내에서 사람들이 어떤 것을 가장 많이 원하는지 데이터로 조사하여 알맞은 환경을 만드는 데 도움을 줍니다.

인공지능 기반의 보안 시스템을 구축하여, 메타버스 내에서 발생하는 해킹 등의 보안 문제를 예방합니다.

유미는 메타버스에서 학교 축제에 참석하였습니다. 오늘은 다른 나라 학생들과 함께 공연도 보고 함께 춤도 추었습니다.

인공지능의 도움으로 가수는 관객과 더 가까이서 소통하고 반응을 알 수 있어요.

인공지능은 관객들의 반응을 보고 좋아하는 조명이나 환경을 만들어요.

 나는 한국 학생, 신나는 음악이군요.

 나는 미국 학생, 자주 만나니 친구가 됐어요.

인공지능이 다른 외국어도 쉽게 통역을 해주어요.

 인공지능이 메타버스에서 또 어떤 역할을 할까요?

10 인공지능으로 꿈을 이루어요

오늘은 온라인 수업으로 20년 후 나의 모습을 글로 쓰는 시간입니다.

유미는 평소에 많은 생각을 하고 체험을 해왔기 때문에 글쓰기가 어렵지 않았습니다.

인공지능 로봇인 퓨처를 완성하는 것입니다. 완성된 퓨처는 사람에게 많은 도움을 줄 것입니다. 외로운 사람과 대화해 주고 아픈 사람을 치료해 줄 것입니다.

진수야, 너는 미래의 꿈이 무엇이니?

의사? 변호사? 선생님?

미래의 직업은 어떻게 바뀔지 생각해 본 적이 있니?

아마 20년 후면 김유미 학생은 인공지능과 관련한 직업을 가지고 있겠지요? 여러분은 하고 싶은 직업이 20년 후에 무엇이 달라질지 생각해 본 적이 있나요?

인공지능이 날개와 같은 역할을 하여 새로운 진로와 기회를 열어줄 수 있습니다. 동시에 창의성, 예술, 사고력, 감정적 표현 등과 같은 인간의 독특한 능력은 여전히 중요합니다. 인공지능은 여러분의 직업 활동을 더 잘할 수 있도록 도울 것입니다.

예술 분야에서는 인공지능을 사용하여 창의적인 작품을 생성하는 AI 예술가들이 등장하고 있습니다. 인공지능은 독자적이고 흥미로운 작품을 만들어낼 수 있습니다. 이는 화가들이 새로운 도전과 협업의 기회를 얻을 수 있는 환경을 제공합니다.

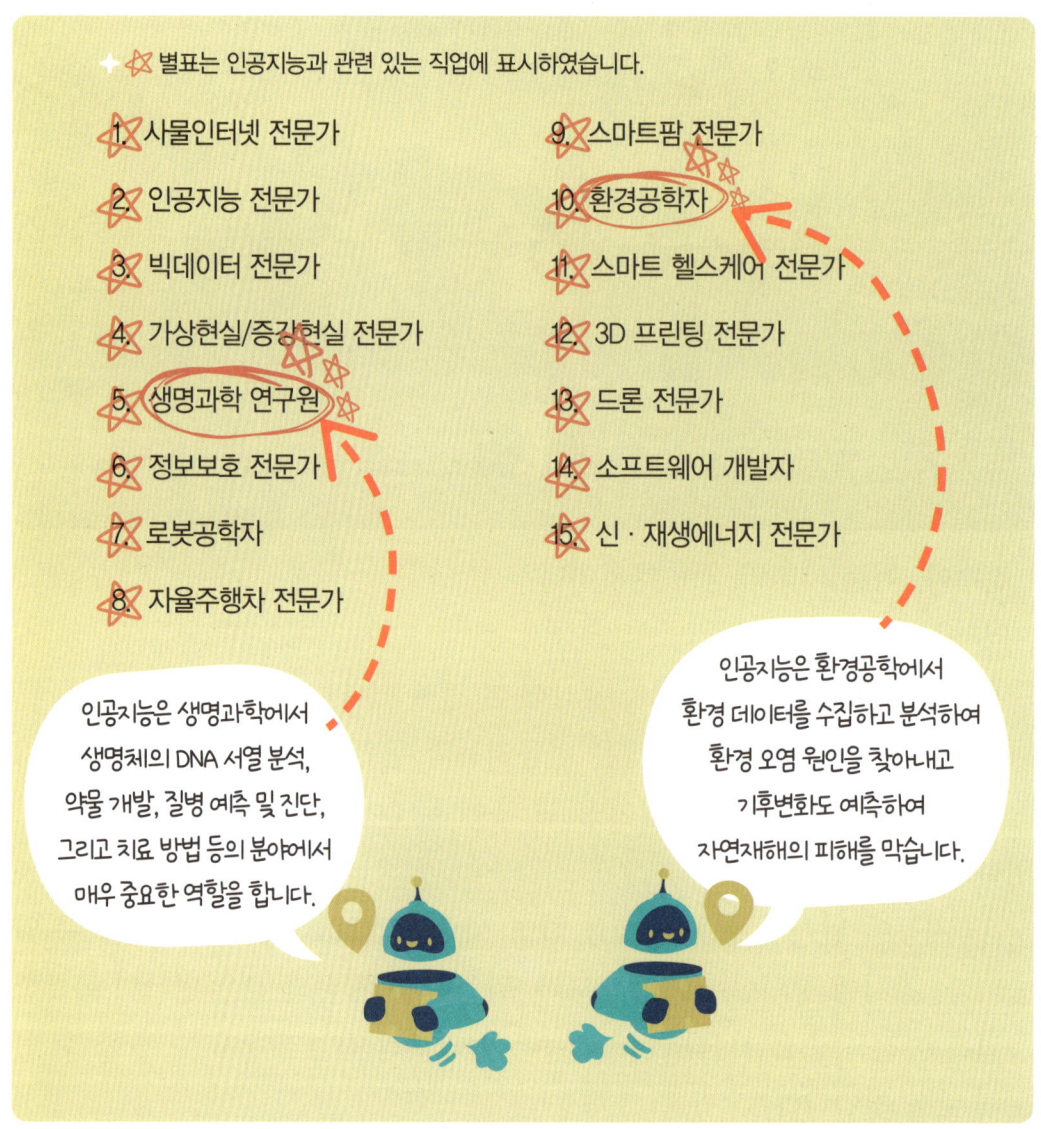

　인공지능은 금융, 교육, 에너지 등 다양한 산업과 분야에서 미래에 중요한 역할을 할 것으로 예상됩니다. 인공지능 관련 직업은 계속해서 발전하고 다양해질 것으로 예측되며, 미래에 유망한 직업을 찾는 데에 도움이 될 수 있습니다.

인공지능과 관련된 직업을 가진 사람들은 어떤 생각을 하며 일을 할까요? 인공지능은 다양한 직업과 역할에서 사용될 수 있습니다. 각 직업의 활동을 알아보고 앞으로 어떻게 준비할지도 생각해 봅니다.

답을 확인해요

가려진 그림이 어떤 직업인지 선을 이어 보세요.

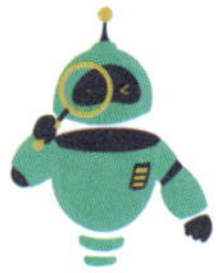

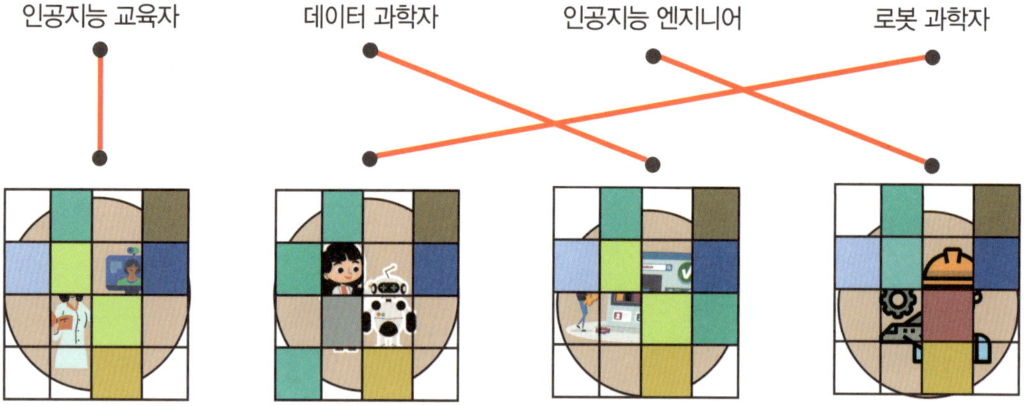

인공지능 교육자
데이터 과학자
인공지능 엔지니어
로봇 과학자

이해해요

의사와 인공지능

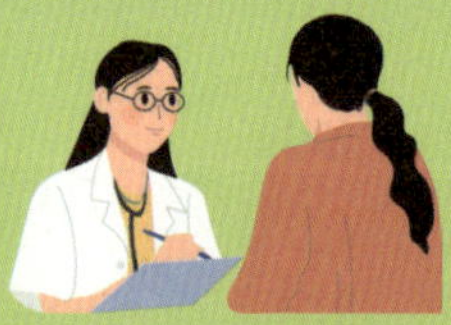

환자의 상황을 잘 알고 알맞은 처방을 해요.

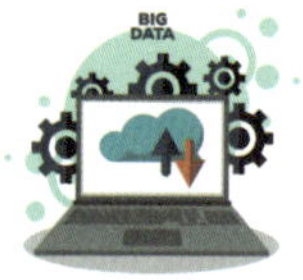

BIG DATA

많은 환자의 데이터 정보를 가지고 있어요.

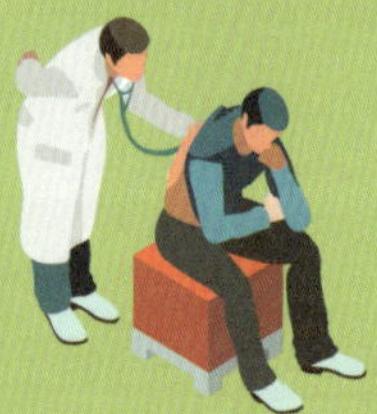

환자의 마음을 잘 알아 잘 위로하고 편안하게 해 줍니다.

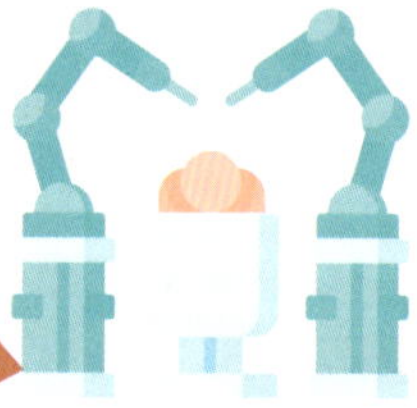

단순한 작업에서는 정확하게 합니다.

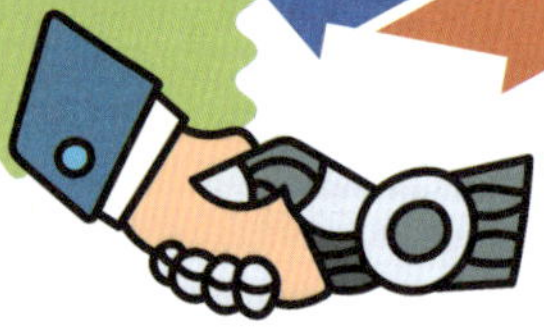

인공지능이 많은 병과 치료의 데이터를 제공하고 예측하여 의사의 전문적인 지식으로 판단하여 협력해서 치료합니다.

11 인공지능은 미래의 교과서를 이렇게 바꿉니다

몸에 맞는 옷을 선택하는 것처럼 교과서도 자신의 능력에 맞아야 합니다. AI가 개인 능력에 맞게 맞춤식 교과서를 제공합니다.

아프면 학교를 갈 수가 없어요. 며칠 집에 있다가 학교에 가면 진도가 늦어 고생을 해요. 어떻게 해야 할까요?

다리가 아파서 학교에 가지 못해도 AI 디지털교과서로 함께 공부할 수 있어요.

AI 디지털교과서는 시간과 공간을 초월합니다. 어떤 환경이나 상황에서도 누구든 소외되지 않습니다.

AI 디지털교과서는 다양한 가상 체험을 하게 합니다. 위험하거나 현실에서 다룰 수 없는 실험을 할 수 있습니다.

인공지능이 학생들의 학습관리를 하고 학부모에게 도움이 되는 학습 결과물 및 진로 자료를 제공합니다.

 미래에는 지금의 교과서가 인공지능의 도움을 받아 어떻게 바뀔까요?

  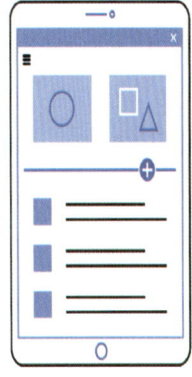

　AI 디지털교과서는 학생들의 부족한 부분을 찾아서 수준에 맞게 학습하고 잘 연습할 수 있도록 돕습니다. 태블릿 PC나 노트북으로 선생님과 학생, 학생과 학생 간에 소통을 원활하게 하여 학습 활동이 활발해집니다.
　미래의 교실은 무엇이 달라질까요?

　다른 나라, 다른 고장의 학생들과 함께 정보를 공유하며 학습할 수 있습니다. AI가 다른 나라와 수업을 할 때는 통역을 해 주고 다른 지역의 학생들에게는 시간표를 관리하거나, 취미나 흥미가 비슷한 학생들끼리 연결해 주는 역할을 합니다.
　선생님들이 함께하는 열린 교육으로 공동체 의식을 높이고 더 창의적인 학습력을 계발합니다.

12 인공지능이 생활을 이렇게 바꿔요

유미는 로봇 영화를 보았습니다. 인공지능 로봇은 우리 생활 어디에 들어올까요? 유미는 다음과 같이 정리하여 보았습니다.

스마트 홈
추우면 알아서 난방을 틀어요. 밤에는 조명을 켜서 밝게 해요.

요리 자동화
음식 재료의 맛과 향에 맞게 온도와 시간을 조정하여 요리 방법을 알려줘요.

물품 배달 자동화
물품을 정리하고 빠르고 정확히 배달해 줍니다.

자율 주행 자동차
운전자가 직접 운전하지 않아도 자동으로 움직여요.

서빙 로봇
주방에서 요리를 가져와 고객의 테이블로 이동해요.

청소 로봇
먼지를 빠르게 찾아서 장애물을 피해 청소를 합니다.

> 인공지능이 유미의 반려견과 반려묘 식사를 도와주어요.

유미가 설정한 양과 시간에 따라 사료와 물을 자동으로 공급하며, 언제나 실시간으로 동물들의 식사량을 확인할 수도 있어요.

함께 해결해요

> 인공지능을 활용하여 고양이와 강아지를 위해 필요한 것을 그려 보세요.

 이런 대답도 있어요

인공지능 장난감
고양이가 좋아하는 놀이를 찾아 호기심을 자극합니다.

인공지능 CCTV
동작 감지 기능으로 건강 상태를 확인합니다. 울부짖거나 고양이가 고유한 울음소리를 내는 경우, 이러한 소리를 감지하고 주인에게 알립니다.

 이런 기술도 있어요

학생들이 인공지능 스피커에게도 예의와 존중의 공용어를 사용하면 어떨까요?
상호 존중의 자세와 실제 다른 사람과 대화할 때도 예의 바른 대화를 할 수 있도록 습관을 기를 수 있어요.

인공지능 기술을 결합하여, 인간의 음성을 알아 듣고 일을 하도록 만들어져 생활을 편리하게 합니다.

진수와 유미는 식당에 갔습니다.

진수는 음식 주문을 하려고 서성거렸는데 주문받으려고 하지 않았습니다. 유미는 식당의 빈자리에 앉아 진수에게 손을 흔들었습니다.

"여기야!"

"아직 음식을 주문하지 않았는데."

진수가 말을 꺼내자마자, 유미가 휴대전화를 누르고 있었습니다.

"앱으로 주문하면 돼."

테이블 위에 있는 QR코드를 찍어 주문하였더니, 순서와 기다리는 시간까지 알려 주었습니다. 잠시 있으니 서빙 로봇이 요리를 진수가 있는 테이블로 가지고 왔습니다.

정보는 여러 가지 선택을 할 수 있도록 돕는 지혜가 됩니다.

새로운 정보를 찾아 우리도 편리함을 누려 보아요.

13 민간요법에도 인공지능을 쓴다면

유미는 소화가 안 되었습니다. 어머니께서는 민간요법으로 손을 눌러 주시고 발을 만져주셨더니 금방 좋아졌습니다.

어떻게 좋아질 수 있을까요?

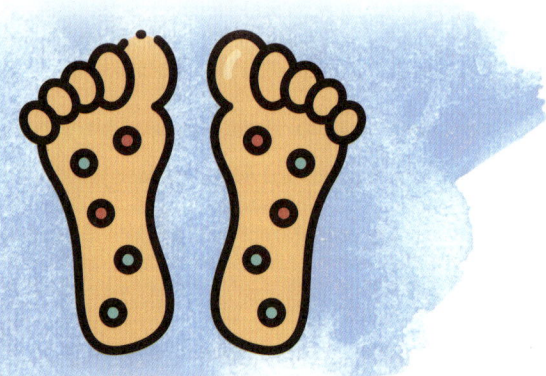

"발바닥을 주물러 주셨는데 어떻게 나을 수 있지요?"
유미는 어머니께 여쭈어보았습니다.
그랬더니 발바닥이 몸의 여러 기관과 관련이 있다고 말씀하여 주셨습니다.

증상 별로 눌러 주어야 하는 발바닥 부위

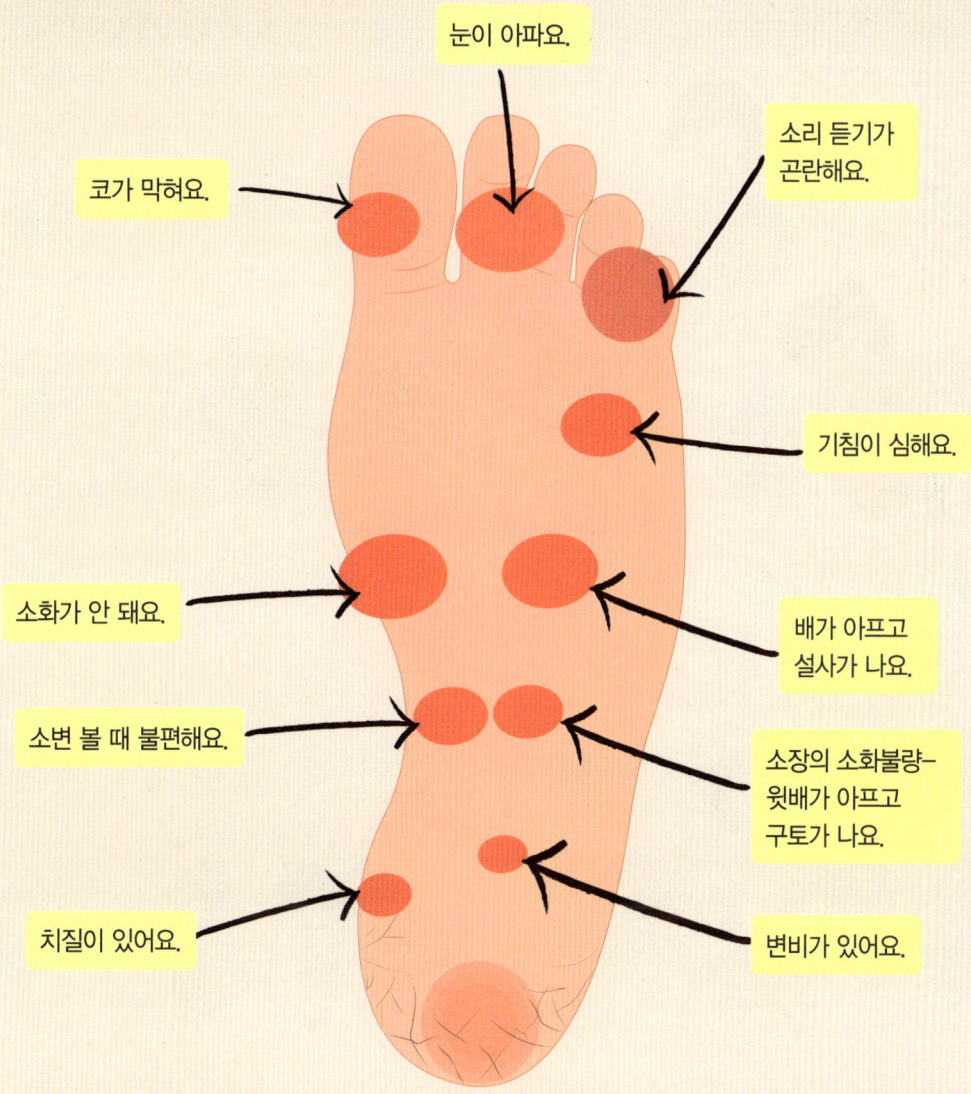

 어머니께서 말씀하신 대로 아픈 곳에 해당하는 발바닥 부위를 눌러 주면 치료된다니 참 신기하였습니다.
 인공지능은 어떤 역할을 할까요?

민간요법에 활용되는 인공지능의 역할

인공지능 로봇에게 아픈 부위를 이야기하면 말을 알아듣고 진단하거나 영상센서로 몸의 상태를 알아낼 수 있습니다.

유미는 인공지능 로봇이 치료 데이터를 활용하여 발의 위치를 찾아서 잘 눌러 준다면 좋겠다고 생각하였습니다.

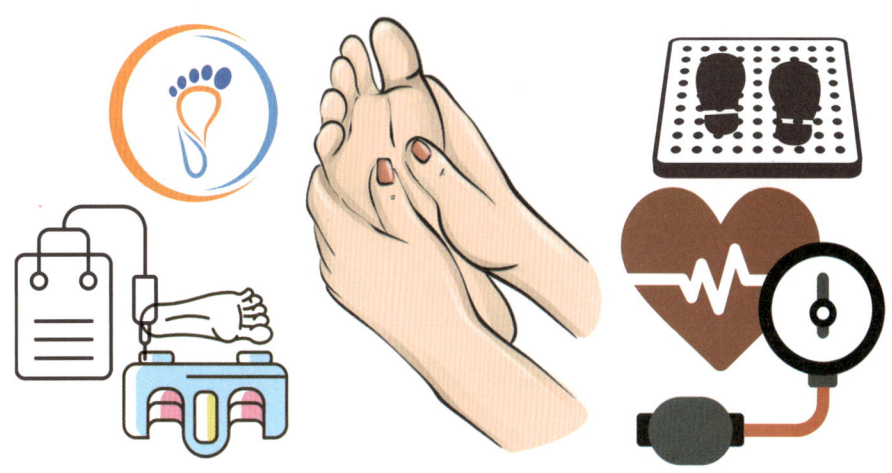

  인공지능 센서를 사용하여 혈압을 측정하고, 발 지압을 가한 후에도 혈압이 어떻게 변화하는지 측정하여 발 지압이 혈압을 낮추는 데 효과가 있는지 확인할 수 있습니다.

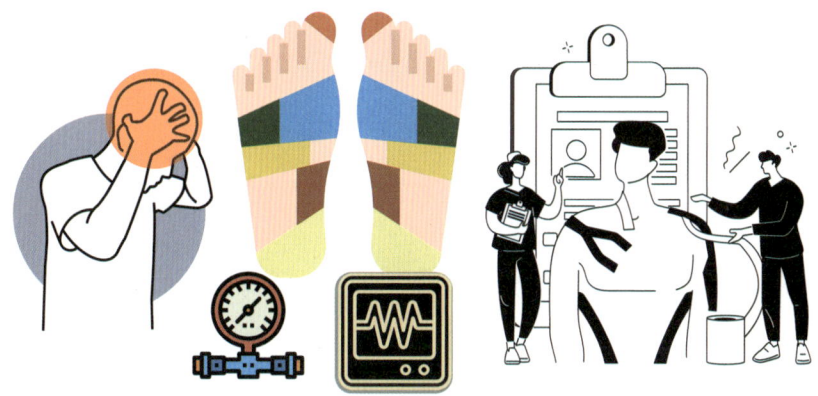

  몸이 아프면 발의 어느 부위를 눌러 주어야 효과가 있는지 어느 정도의 세기로 눌러 주어야 효과가 있는지 의료 전문가들이 각종 센서를 활용하여 데이터를 만들어서 모읍니다.

  많은 데이터를 이용하여 인공지능이 발 지압으로 효과가 있는 부위를 예측하여 찾습니다.

 인공지능이 의료 진단 및 진료에 어떤 역할을 할 수 있을지 생각해 봅시다.

AI와 함께 미래를 디자인해요

- **14** 인공지능 심판이 등장했어요 … 91
- **15** 더 나은 미래를 그려요 … 97
- **16** 5월 20일은 벌의 날, 지구는 벌이 필요해요 … 101
- **17** 단 하나의 지구, AI로 지켜요 … 107
- **18** 여러분은 어느 쪽인가요 … 111
- **19** 미래에도 친구가 되기 위한 약속 – 인공지능 윤리 … 115

14 인공지능 심판이 등장했어요

유미는 진수와 함께 프로 야구를 보러 갔습니다. 많은 관중이 응원하고 있었습니다.

그러나 중요한 순간에 문제가 생겼습니다.

스트라이크 심판 판정으로 두 팀이 다투었습니다.

2022년에 미국 메이저리그에서는 야구 볼 판정 오심이 얼마나 되는지 유미는 퓨처에게 물어보았습니다.

2022년 시즌 MLB 심판의 볼 판정 오류(LA타임스)

팀	볼 판정 오류 수
휴스턴	1,234
뉴욕	1,189
시카고	1,176
샌디에이고	1,162

평균 1,190번 정도 오류가 있었군요.

유미는 야구 볼 판정 오류율을 알아보기 쉽게 그래프로 나타내었습니다.

판정 시비의 해결책으로 우리나라에서도 고등학교 야구 대회에 인공지능의 도움으로 심판을 볼 수 있을 것이라고 합니다.

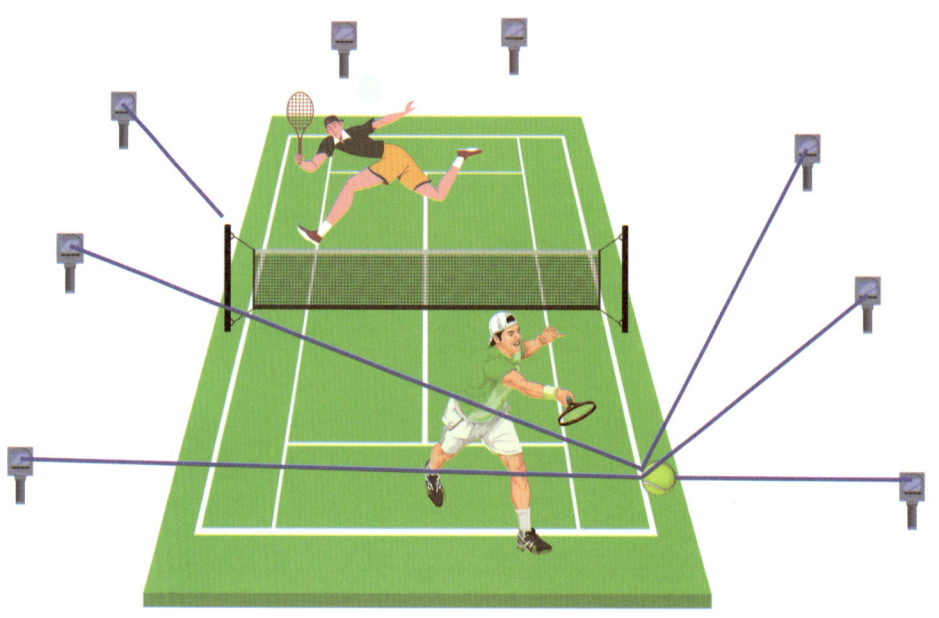

 테니스에서도 초고속카메라 센서에서 전달되는 영상으로부터 공이 선을 넘었는지 판정을 해줍니다.

 라인 안과 밖에 있는 경우를 미리 학습을 하고 공의 위치, 속도 등을 예측하여 정확하게 맞춥니다.

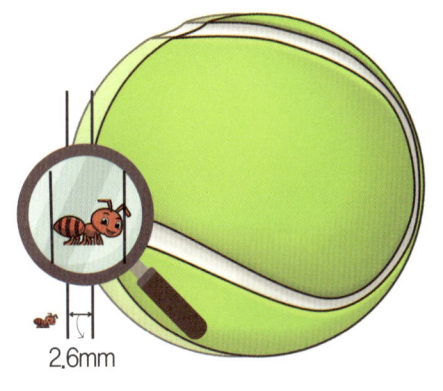

센서와 인공지능으로 판정을 내려도 오차는 일개미 길이 차이밖에 나지 않을 만큼 정확합니다.

또 어떤 스포츠에서 인공지능이 판정을 도울까요?

축구에서도 골인지 아닌지 판별해 줍니다. 배구 경기에서는 선수가 라인을 벗어났는지 여부, 공이 네트를 넘었는지 여부 등의 판정을 도와주기 위해 사용됩니다. 배드민턴, 아이스하키, 농구 등에서도 보조 시스템으로 사용하고 있습니다.

 인공지능이 판정하는 것을 본 경험을 말해 봅시다.

인공지능이 레이저 센서와 초고속 카메라로 공의 움직임을 측정합니다.

타자의 키와 보폭을 계산해 이에 맞게 스트라이크존을 세밀하게 조정하여 스트라이크와 볼을 판정합니다. 인공지능 심판의 도입으로 판정 오류 감소뿐만 아니라 빠른 경기를 진행할 수 있었습니다.

15 더 나은 미래를 그려요

유미는 가족과 부산 여행 계획을 세우면서 우연히 엑스포 포스터를 보게 되었습니다. 세계인과 함께 미래의 기술을 함께 공유하고 발전 시킨다는 말에 눈길이 갔습니다.

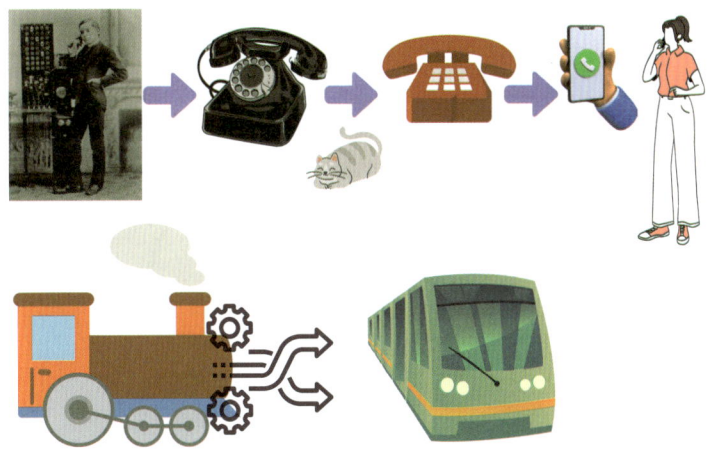

지금까지 엑스포에 많은 기술들이 소개되었습니다. 기술이 더욱 발전하여 지금 우리에게 많은 편리함을 제공하고 있습니다.

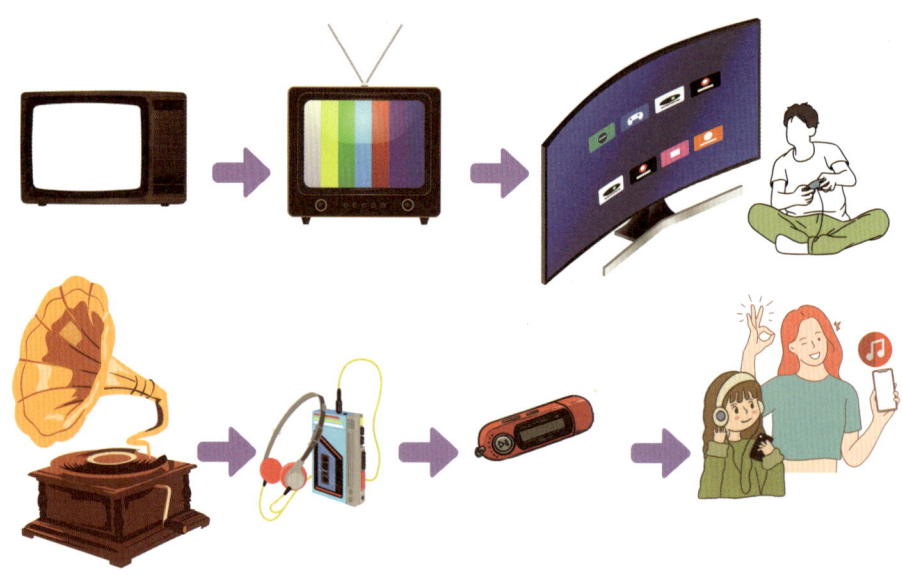

여러 기기들이 작아지고 빨라졌습니다. 흑백으로 보던 TV는 대형 화면으로 다양한 영상을 골라서 볼 수 있습니다.

유미는 미래에 어떤 기술들이 선보일까 생각하였습니다. 아마 인공지능도 그 중에 하나일 것이라는 추측을 하였습니다.

엑스포에서 전시될 인공지능의 기술은 어떤 것일까요?

안전하게 교통을 관리하는
AI 자율주행 및 교통시스템

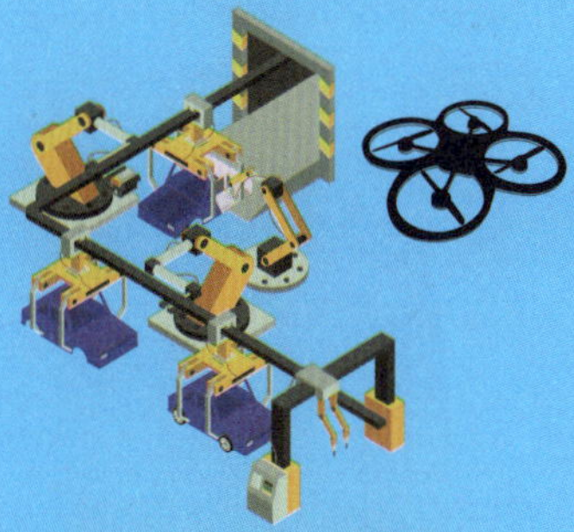

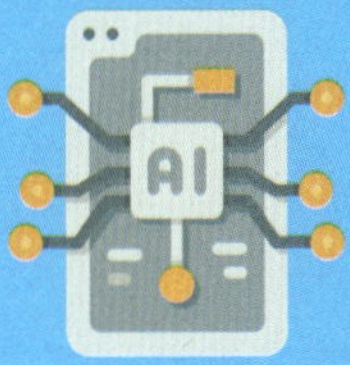

반복적이고 힘든 일을
대신하는 AI 로봇

가정의 다양한 기기와 시스템을
자동화하는 AI 스마트홈

암 세포를 식별하고 치료하는
AI 의료 시스템

 함께 해결해요 인공지능은 미래에 우리에게 어떤 기술을 제공할까요?

우리 생활에 필요한 것을 생각하여 다양하게 그림으로 그리고 글로 설명해 봅시다.
인공지능은 연세 많으신 할아버지, 할머니께 어떤 도움을 줄 수 있을까요?
인공지능은 장애인에게 어떤 도움을 줄 수 있을까요?

✓ **이런 대답도 있어요**

인공지능이 노인의 건강이나 복지를 지원합니다.

인공지능 도움으로 장애인의 동작을 감지하여 필요한 일을 합니다.

 **이런 기술도 있어요** 인공지능 기반의 통역 기술은 언어 장애를 가진 사람들에게 도움을 줄 수 있습니다.

    새로운 기술의 동작 원리, 장점, 가능성, 한계에 대한 교육과 이해를 제공하는 것이 중요합니다. 이를 통해 사람들은 기술에 대한 편견이나 오해를 해소하고, 기술을 올바르게 이해할 수 있습니다.

16 5월 20일은 벌의 날, 지구는 벌이 필요해요

벌의 위기는 인류의 생존에게도 위기라고 합니다. 그래서 5월 20일을 '세계 벌의 날'로 정하기도 했습니다.

벌이 사라진다면 어떻게 될까요?

벌이 사라지면 꽃과 나무 등의 식물이 말라 죽을 가능성이 커지게 됩니다. 이는 이후에는 다른 동물들도 먹이를 잃게 되어 서식 지역의 생태계에 영향을 미치게 됩니다.

그러면 사람들의 식탁에는 채소와 과일은 사라질 것입니다.
최근 벌이 사라지고 있는 이유는 무엇일까요?

　기후 변화로 인해 꽃의 개화 시기가 변하거나, 벌의 서식지가 줄어들거나, 농약의 사용입니다. 일부 농약은 벌의 학습 능력이나 행동을 방해하거나, 면역력을 약화시킬 수 있습니다. 그 외에도 기생충이 벌을 감소시킬 수 있다고 합니다.

벌의 생존을 위해서는 인공지능은 어떤 역할을 할까요?

인공지능이 벌의 건강 상태와 환경을 관찰하고 이상이 있으면 사람에게 알려줍니다.

벌 군집의 건강 상태, 생존 가능성, 사육 상황 등을 파악할 수 있습니다. 이를 통해 벌이 처한 위험한 상황을 예측하여 벌들을 보호할 수 있습니다.

인공지능은 벌에 관한 데이터를 수집하여 빅데이터 분석으로, 벌의 생태계 변화 등을 예측할 수 있습니다.

인공지능을 잘 활용하는 지혜로 소중한 생태계를 지킬 수 있을 것입니다.

 **함께 해결해요** 보호해야 할 생태계는 많습니다. 다음 중 하나를 골라 인공지능으로 해결할 수 있는 방법을 그림으로 그려 봅시다.

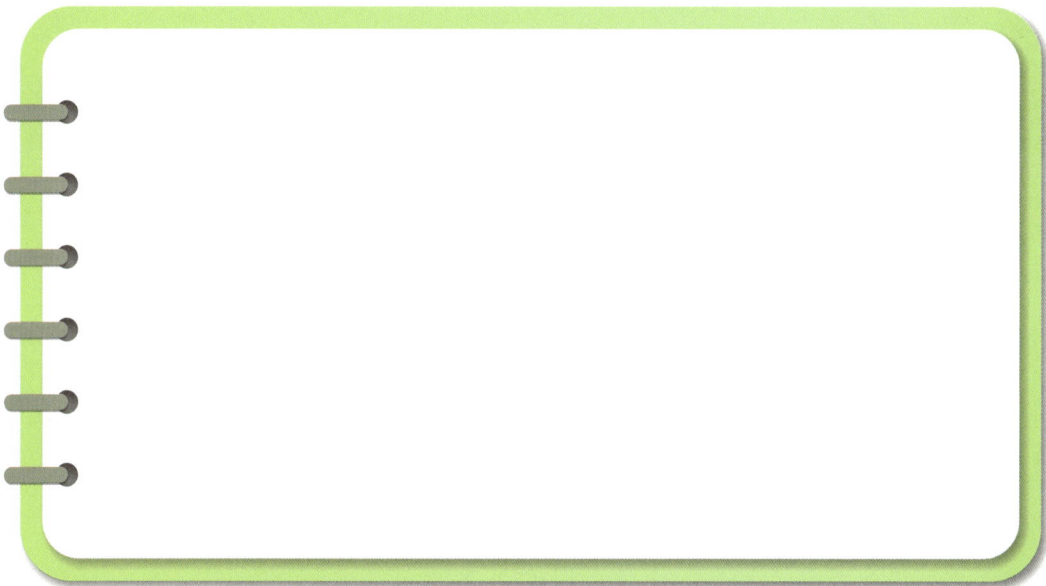

이런 대답도 있어요

인공지능이 쓰레기를 분류하여 재활용해요.

인공지능이 바다를 감시하고 쓰레기를 찾아 가지고 옵니다.

17 단 하나의 지구, AI로 지켜요

바다의 흐름을 이용한
조력 발전소

태양열을 이용한
태양광 발전소

바람의 힘을 이용한
풍력 발전소

 신재생에너지와 인공지능은 상호보완적인 관계에 있습니다. 인공지능 기술은 신재생에너지 발전에 대한 예측, 관리 등 다양한 분야에서 활용될 수 있습니다.

바람이 많은 나라, 덴마크가 바람으로 녹색에너지 강국이 되었습니다.

삼면이 바다인 우리나라도 자연 에너지를 잘 이용할 수 없을까 친구들과 토의하였습니다.

해상 풍력 발전소는 바다나 해양 지역에 풍력 터빈을 설치하여 전기를 생산하는 시설입니다.

덴마크는 자원이 부족하여, 에너지를 수입에 의존하는 국가였습니다. 해안선이 길고 바다에 접한 지형적 특성을 가지고 있어 해상 풍력발전에 적합한 나라입니다.

인공지능 방법으로 풍속 센서와 풍향 센서의 데이터를 수집하고 분석하여 바람의 풍속과 풍향에 따라 터빈의 회전 방향을 바람이 잘 들어오는 방향을 향하도록 조절할 수 있습니다.

 신재생 에너지를 잘 이용하기 위하여 인공지능은 어떤 역할을 할까요?

　유미는 세계 환경 동아리 학생들과 온라인으로 신재생 에너지에 대하여 토론을 하였습니다. 스페인은 태양열 산업으로 중국은 세계 1위의 조력 발전으로 유명합니다. 마침, 스페인 학생과 중국 학생이 참석을 하였습니다.

유미: 신재생 에너지는 우리 미래에 매우 중요합니다.

스페인 학생: 스페인은 태양열 발전에 이상적인 조건을 가지고 있습니다. 우리는 많은 일조량과 건조한 기후를 가지고 있어 이를 잘 활용하고 있습니다.

중국 학생: 우리는 많은 강과 만을 가지고 있으며, 조수는 매우 높습니다. 신재생 에너지의 잠재력은 참으로 크고 재생 가능 에너지를 사용하도록 장려하여야 지구의 위기를 막을 수 있습니다.

유미: AI는 날씨, 에너지 수요 및 기타 요소를 기반으로 신재생 에너지의 생산량을 예측하는 데 사용할 수 있습니다.

중국 학생: 맞습니다. AI는 태양 전지판 및 풍력 터빈이 언제 가장 효율적으로 작동하는지 확인하는 방법을 찾는 데 사용될 수 있습니다.

18 여러분은 어느 쪽인가요

　여러분은 인공지능의 긍정적인 면과 부정적인 면 중 어느 쪽 주장에 공감이 가는지 생각해 봅시다.

인공지능이 번역가보다 더 빨리 더 많은 양을 번역해 줍니다.

인공지능이 사람의 일을 대신하여 실업자가 많아집니다.

인공지능이 사람보다 더 똑똑할 수 있습니다.

예측하지 못한 일이 벌어질 경우 사람에게 큰 피해를 줍니다.

　긍정적인 주장과 부정적인 주장도 있지만 **인공지능 중립의 필요성**으로 합리적으로 선택을 생각하는 학자들도 있습니다. 중립의 필요성에 대해 다음과 같이 주장합니다.

　지구의 온난화로 인한 기후변화에 대비하는 차원에서 우리가 탄소 중립을 주장하듯이 인공지능으로 인한 재앙을 대비하는 차원에서라도 우리는 '인공지능 중립'이 절대 필요합니다. 왜냐하면 이러한 인공지능 기술과 도구를 어느 정도 사용할 것인가? 혹은 사용하지 않을 것인가? 라는 의사결정은 전적으로 인간의 판단에 달려있기 때문입니다.

　그리고 인공지능 기술이 발달하여 우리에게 긍정적으로 다가오고 또는 부정적으로 사용했다 하더라도 이런 인공지능 기술과 도구를 인간의 두뇌와 아이디어로 만들었다는 사실입니다. 기본적으로 인공지능은 원래 속성상 첨단 기술에 바탕을 둔 산물이지 도덕적으로 윤리를 감안한 점잖은 제품이 아니라는 것을 항상 명심해야 할 것입니다.

 인공지능에 대한 긍정적인 주장, 부정적인 주장, 또는 중립적인 주장 중에서 선택하여 근거를 찾아 토론하여 봅시다.

19 미래에도 친구가 되기 위한 약속
-인공지능 윤리

과학기술정보통신부에서 '국가인공지능윤리 기준안'을 안내하였습니다.
왜 인공지능에서 윤리를 강조하고 있을까요?

인권 보장

인공지능 기반의 채용 시스템은 인종, 성별, 국적 등 다양한 요인에 따른 차별을 피해야 합니다.

개인 생활 보호

음성 인식 AI 시스템은 민감한 대화 내용을 안전하게 처리하고, 개인 정보를 적절하게 보호해야 합니다.

다양성 존중

이미지 인식 AI는 다양한 인종, 성별, 체형을 포함한 다양한 특징을 정확하게 인식하고 처리해야 합니다.

침해 금지

개인의 허락 없이 얼굴을 촬영하거나 얼굴 인식 기술을 남용하는 것은 개인의 권리와 사생활을 침해하는 행위입니다.

공공성

대중의 건강과 안전을 증진하기 위해 인공지능을 활용한 전염병 예측 모델을 개발하거나, 도시 교통 시스템을 최적화하는 데 활용할 수 있습니다.

연대성

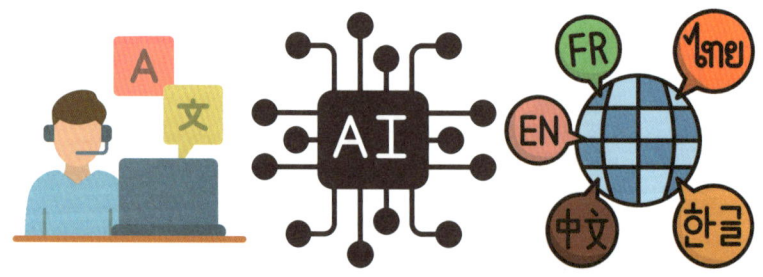

AI 기반의 자동번역 시스템은 다양한 언어의 사용자가 상호 소통하는 데 도움을 주어 문화적 연대를 촉진할 수 있습니다.

데이터 관리

개인 정보는 동의받은 범위 내에서만 사용되어야 하며, 데이터의 정확성과 신뢰성을 유지하는 데 노력해야 합니다.

책임성

인공지능이 오류나 결함이나 사고 등을 발생시킬 경우에는 그 원인과 책임자를 파악하고 해결하며 보상해야 하며, 이러한 과정을 기록하고 검토하고 개선해야 합니다.

안전성

자율주행 자동차의 경우 인공지능 시스템은 운전 중에 안전한 결정을 내리고 사고를 예방하는 데 도움이 되어야 합니다.

[투명성]

AI 시스템은 사용자에게 결정에 영향을 미친 요소와 이유를 설명할 수 있어야 합니다.

　인공지능 윤리란 인공지능이 인간의 삶과 사회에 미치는 영향을 고려하고 인공지능의 개발과 활용에 있어서 인간의 가치와 권리를 존중하고 보호하는 원칙과 행동규범을 말합니다.

 우리 학교생활과 관련된 인공지능 윤리에 대하여 예를 들어 보세요.

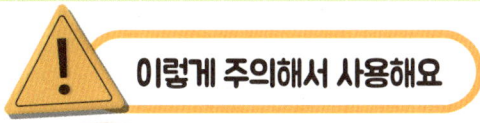
이렇게 주의해서 사용해요

　미국에서는 13세 미만의 어린이들이 인터넷을 사용하기 위해서는 COPPA(CChildren's Online Privacy Protection Act)에 따라 부모의 동의를 받아야 합니다. 이는 어린이의 개인정보 보호를 강화하고, 부모가 어린이의 온라인 활동을 모니터링하고 지원할 수 있도록 하는 것을 목적으로 합니다.

　이에 따라 챗 GPT 모델은 13세 이상의 사용자를 대상으로 하고 있으며, 13세 미만의 어린이들은 부모나 보호자의 지도 아래에서 사용해야 합니다. Bing은 모든 연령대의 사용자를 위한 서비스입니다. 그러나 부모는 자녀의 검색 활동을 보호하기 위해 Microsoft 가족 보호 기능을 사용할 수 있습니다. 온라인 환경에서 어린이들의 안전과 개인 정보 보호는 매우 중요하므로 부모나 보호자는 적절한 감독과 안내를 제공해야 합니다.

　인공지능 챗봇은 인터넷에 있는 엄청난 양의 글을 분석해 교육 분야에서 다양하게 활용될 수 있도록 도와줍니다.

　그러나 미국의 교사들은 최근 출시된 인공지능 챗봇 '챗GPT'를 악용해 숙제나 시험을 치르는 학생들 때문에 고민하고 있습니다.

　상호작용을 통하여 창의적인 역량을 발휘하기 위한 도구로 활용해야 합니다. 과제나 글쓰기 등에서 통째로 복사하여 내 것인 것처럼 사용해서는 안 됩니다. 학생들이 창의적인 사고와 자기주도적인 학습을 촉진하는 도구로 사용하여 그들 자신의 생각과 아이디어를 발전시키고 자기 능력을 향상하는 데 초점을 맞춰야 합니다.

　항상 정보의 정확성을 확인해야 합니다. 중요한 정보를 인용하거나 연구할 때는 출처를 확인하고 신뢰할 수 있는 출처에서 확인하는 것이 좋습니다.
　학생들은 신뢰할 만한 웹사이트와 출처를 사용하는 습관을 기르는 것이 중요합니다. 정부 기관, 대학, 신문, 학술 저널 등의 공식 소스를 선호하고, 의심스러운 웹사이트나 소셜 미디어 게시물은 주의해야 합니다.

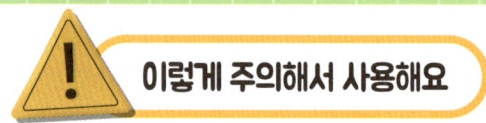 이렇게 주의해서 사용해요

개인정보를 드러내지 않도록 주의합니다. 대화할 때 사용자가 직접 개인정보를 질문에 포함시키는 경우 개인정보가 노출될 수 있습니다. 예를 들어, 성명, 주소, 전화번호, 이메일 주소 등의 개인정보를 직접 입력하면 모델이 해당 정보를 인식하고 답변에 포함시킬 수 있습니다.

⚠️ 이렇게 주의해서 사용해요

학생들은 윤리적인 가이드라인을 따라야 합니다.
의도적으로 다른 사람에게 피해를 주거나 불쾌함을 유발하는 내용을 만들어서도 안 됩니다. 이것을 우리가 지키지 않았을 경우 어떤 일이 일어날까요?

AI와 창의적으로 탐구해요

20	챗GPT, 빙(Bing), 구글 바드(Bard) 삼총사	125
21	챗GPT로 외국어 역할 놀이를 해요.	129
22	챗GPT로 유명인과 가상대화를 해요.	133
23	챗GPT로 퀴즈 대결도 하고 바드로 창의적 활동을 해요.	138
24	챗GPT로 토론 연습을 해요.	143
25	한국말을 잘 아는 클로바 X, 엑사원, 아숙업	147
26	인간지능 vs 인공지능	151

20 챗GPT, 빙(Bing), 구글 바드(Bard) 삼총사

> 챗 GPT, 마이크로소프트의 Bing, 구글 Bard의 공통점

1 수많은 데이터를 보관하고 있습니다.

다양한 웹 문서, 책, 논문, 뉴스 기사, 영화 대본, 대화 데이터 등이 학습되었습니다.

2 주어진 질문에 대한 자세한 설명이나 이야기를 작성할 수 있습니다.

> 🔍 해리포터 이야기
>
> 해리포터 시리즈는 J.K. 롤링(J.K. Rowling)의 판타지 소설 시리즈로, 대표적인 판타지 문학 작품 중 하나입니다. 시리즈는 해리포터라는 주인공의 마법과 모험을 다루며, 매우 인기 있는 시리즈로 알려져 있습니다.
>
> 해리포터는 첫 번째 책인 "해리포터와 마법사의 돌"을 시작으로 7권의 소설로 이루어져 있습니다. 이 소설 시리즈는 해리포터라는 소년 주인공의 성장과 모험, 그리고 마법 세계의 전투와 이야기를 다룹니다.
>
> 해리포터는……

3 한국어로 작성된 문장을 외국어로 번역하는 등의 작업이 가능합니다.

외국어를 한국어로도 빠르게 번역합니다.

> 🔍 한국어를 영어로 번역
>
> 서로 배려하고, 이해하고, 존중하며 함께 웃고, 함께 울자. 친구들과 좋은 관계를 유지하며 즐거운 학교생활이 되자
> ➡ "Let's care, understand, and respect each other, laugh and cry together. Let's maintain good relationships with our friends and have an enjoyable school life."

4 영화 대본, 소설이나 이야기, 시를 창의적으로 작성합니다.

고양이 주제로 이야기 만들기 🔍

제목: "푸르른 마법, 고양이의 수다"
장면: 주인집 앞 정원 – 낮
주인 사라는 한가로운 낮에 마당에서 책을 읽고 있습니다.
갑자기 푸른 빛이 깜빡거리며 주인 앞에 환상적인 고양이, 루나가 나타납니다.
루나: (윙크하며) 안녕, 사라! 나는 루나야. 너의 생각과 이야기를 이해하는 고양이야.
사라: (놀라면서 웃음) 정말이야? 이런 환상적인 일이 일어날 줄은 몰랐어!
루나: 우리는 오늘부터 말을 할 수 있는데, 어떤 이야기를 나누고 싶은 거니?
(생략)

5 자주 묻는 말에 대한 답변, 컴퓨터 문제 해결 방법이나 다양한 주제에 대한 상담을 해 줍니다.

여자 친구 생일 선물 🔍

① 컬러링북 세트: 컬러링북 세트는 창의력과 예술적인 감각을 자극하는 좋은 선물입니다.
② 플러시 장난감: 귀여운 동물이나 캐릭터의 플러시 장난감은 친구의 마음을 따뜻하게 만들어 줄 수 있는 선물입니다.
③ 퍼즐: 즐겁게 시간을 보낼 수 있는 퍼즐은 논리적 사고와 문제해결 능력을 키우는 데 도움을 주는 좋은 선택입니다.
④ 독서 도서: 상상력을 향상하는 데 도움을 줄 수 있는 선물입니다.
⑤ 스포츠용품: 만화 캐릭터가 디자인된 공

챗 GPT, 마이크로소프트의 Bing, 구글 Bard의 차이점

종류	챗 GPT	구글 Bard	마이크로소프트의 Bing
학습 데이터	웹, 소설, 미디어, 코드	구글 검색 데이터	Bing 검색 데이터
주요 기능	텍스트 생성, 언어 번역, 창의적 콘텐츠 작성, 다양한 용도로 사용될 수 있는 답변	텍스트 음성 변환 합성, 다중 언어 대화, 자연스러운 글로 이해, 복잡하고 다양한 글 생성	웹 검색과 대화 함께 사용, 출처 표시, 후속 질문 추천, 이미지 생성 기능

챗 GPT

"언어 번역에서 창의적 콘텐츠까지, ChatGPT가 빠른 속도와 뛰어난 성능으로 놀라운 결과를 제공합니다!"

구글 Bard

"Bard, 텍스트 음성 변환 합성, 자연스러운 문맥 이해를 위한 대규모 언어 모델"

각 인공지능 챗봇에게 홍보 표어를 만들어 보라고 했어요.

Bing

"웹 검색과 대화를 할 수 있고, 출처 표시와 이미지 생성 기능 등이 가능한 Bing은 인공지능이 담긴 스마트한 검색 엔진입니다."

21 챗GPT로 외국어 역할 놀이를 해요

유미는 다리가 아파서 학교를 갈 수가 없었습니다. 그래도 학교에 있는 친구들과 함께 온오프라인 동시수업에 참여하였습니다.

오늘은 외국어 수업으로 챗GPT와 역할놀이를 하는 시간입니다.

ChatGPT로 영어 역할놀이

진수는 챗GPT와 영어로 가게에서 스포츠 음료 계산하는 활동을 하였습니다.

진수: Shall we play a role? You're a store clerk and I'm a customer. Will it be possible?
(역할을 한번 해볼까요? 당신은 가게 점원이고 나는 고객입니다. 가능할까요?)

GPT: Certainly! I can play the role of a store clerk, and you can be the customer.
(좋습니다! 나는 가게 점원 역할을 할 수 있고, 당신은 고객이 될 수 있습니다.)

진수: I have a headache, what can I drink?
(머리가 아픈데, 무엇을 마실 수 있나요?)

GPT: If you have a headache, we have water, sports drinks.
(머리가 아프면 물과 스포츠 음료가 있습니다.)

진수: Two cans of sports drink, please. How much is it?
(스포츠 음료 두 캔 주세요. 얼마인가요?)

GPT: Two cans would cost $4 in total.
(캔 두 개는 총 4달러입니다.)

진수: I'm hungry, so please recommend me something to eat.
(배 고픈데 먹을 것으로 어떤 것이 있을까요?)

GPT: If you prefer hot food, we have microwavable meals and instant noodles available.
(만약 뜨거운 음식을 선호한다면, 전자레인지로 조리할 수 있는 식사와 즉석 요리 면류를 살 수 있습니다.)

ChatGPT로 외국어 역할놀이

유미는 중국어로 부산 여행 예약을 하는 역할놀이를 합니다. 챗GPT를 사용하여 중국어로 부산 여행 예약을 하는 역할놀이를 잘할 수 있었습니다.

유미: 要不要玩角色扮演游戏？你是旅行社的职员，我是客人。
(역할놀이 게임 할까요? 당신은 여행사 직원입니다. 저는 손님입니다.)

GPT: 请问有哪些旅游计划或服务可以帮到您呢？
(혹시 어떤 여행 계획이나 서비스가 도움이 될까요?)

유미: 我想在北京去韩国的釜山旅行。
(나는 베이징에서 한국의 부산을 여행하고 싶어요.)

GPT: 请告诉我您的具体要求，我可以根据您的需求为您量身定制一个旅行计划。
(구체적인 요구 사항을 말씀해 주시면, 제가 당신의 필요에 따라 맞춤 여행 계획을 만들어 드릴 수 있습니다.)

유미: 我想从5月1日到4天3夜，以5000美元的价格去韩国釜山周边。
(5월 1일부터 3박 4일 생각하고 있습니다. 5000달러에 한국 부산 주변으로 갑니다.)

GPT: 釜山，您将有机会参观釜山塔、海雲臺、釜山港夜景等著名景点。我们还将为您安排一日游，游览釜山周边的景点。
(부산, 부산타워, 해운대, 부산항 야경 등 명소를 둘러볼 수 있는 기회가 주어집니다. 부산 주변 명소도 당일치기 여행으로 안내해 드리겠습니다.)

 **ChatGPT와 영어로 끝말잇기 게임을 해요**

챗GPT, 나랑 영어로 끝말 잇기해요.

 좋아요, 영어 끝말잇기를 시작합니다. "Apple"(사과)

Elephant!

 "Elephant"(코끼리) 다음은 "Tiger"(호랑이) 입니다.

Road!

 "Road"(도로) 다음은 "Dog"(개)입니다.

Guide!

 "Guide"(안내자) 다음은 "Eleven"(11)입니다.

 **ChatGPT와 영어 단어 완성하기 게임을 해요**

완성되지 않은 영어 단어 하나만 말해 주세요. 제가 맞출게요.

 G_ _ g _ _

잘 모르겠어요.

 답은 "Google"입니다. 조금 어려운 문제를 내드려서 죄송합니다. 이번에는 더 쉬운 문제를 내드리겠습니다. D_ _ (동물)

이건 알겠어요. Dog!

 챗봇과 인공지능 챗봇의 공통점과 차이점은 무엇일까요?

22 챗GPT로 유명인과 가상 대화를 해요

유미는 사회 시간에 인권에 관하여 공부하였습니다. 선생님께서는 챗GPT로 인권에 관련된 위인들과 가상 인터뷰한 글을 쓰도록 과제를 주셨습니다.

유미는 장애인 인권을 주제로 헬렌 켈러와 인터뷰한 글을 정리해 보기로 하였습니다.

 ChatGPT로 가상 인터뷰

장애인 인권에 관한 주제로 헬렌 켈러와 기자와의 인터뷰를 하겠습니다.
제가 기자가 되어 질문하겠습니다.

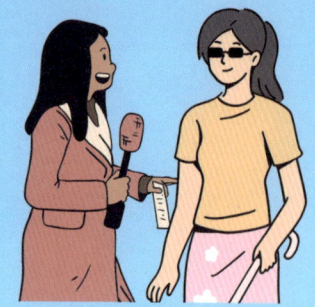

유미: 헬렌 켈러님, 안녕하십니까? 많은 사람들이 알고 있지만 개인 소개를 부탁 드립니다.

헬렌 켈러: 안녕하세요? 저는 헬렌 켈러로, 19세기 말에 살았던 미국의 교육자, 작가, 활동가입니다. 저는 어렸을 때 병으로 인해 청각과 시력을 모두 잃었지만, 이에도 불구하고 대학을 졸업하고, 작가로서의 글쓰기와 여성권 운동에 큰 업적을 남겼습니다.

유미: 장애의 불편함을 말씀하여 주시기 바랍니다.

헬렌 켈러: 저는 어릴 때 병으로 인해 청각과 시각 장애를 가지게 되었습니다. 대중교통이나 건물의 접근성, 정보의 불균형 등에서 불편함이 있습니다.

유미: 사회에서 장애인을 위해 어떠한 노력을 해야 할까요?

헬렌 켈러: 건물 출입구나 교통수단 등의 공공시설에서는 접근성이 확보되어야 합니다. 장애인들은 일반인에 비해 취업에 어려움을 겪는 경우가 많습니다. 취업 기회를 제공하는 것이 필요합니다.
교육기관에서는 장애 아동들에게 맞춤형 교육을 제공하고, 교육 내용이나 교재 등의 개선이 필요합니다.

유미: 장애인의 인권을 지키기 위해 학생들이 할 수 있는 일은 무엇일까요?

헬렌 켈러: 학생들은 장애가 있는 친구들을 포함하여 모든 사람을 존중하고, 다양성을 인정하며 차별하지 않는 대인관계를 유지하는 것이 중요합니다. 장애인 인권에 대한 이해와 관심을 높이는 것도 중요합니다. 친구나 가족, 지역사회 등과 함께 인식을 바꾸는 데 노력해야 합니다.

테레사 수녀님과 방정환 선생님의 대화로 어린이 인권에 대해 알기

사회 시간에 배운 어린이 날을 만드신 방정환 선생님과 가난한 사람들을 위해 봉사하신 테레사 수녀님께서 어린이 인권에 대하여 서로 이야기 나누는 글을 상상하여 만들어 주세요.

방정환 선생님: 아이들의 인권을 보호하기 위해 많은 노력을 하신 것 같아서 존경스럽습니다.

테레사 수녀: 인간의 삶과 권리를 보호하고 개선하는 것은 우리의 가장 중요한 사명 중 하나입니다. 특히, 어린이들은 그중에서도 보호가 더욱 필요한 존재입니다.

방정환 선생님: 저는 아이들이 자유롭게 성장하고 꿈을 펼칠 수 있도록 지원하는 것이 중요하다고 생각합니다. 그리고 그것이 인간의 권리 중 하나인데, 그 권리를 보호하기 위해서는 우리가 노력해야 합니다.

테레사 수녀: 그것은 정말 훌륭한 목표입니다. 저는 아이들이 가장 취약한 자이며, 그들의 권리를 보호하는 것은 우리 모두의 책임이라고 생각합니다. 그리고 이 일에는 아이들의 교육이 매우 중요합니다. 어떻게 생각하시나요?

방정환 선생님: 그렇습니다. 아이들에게는 올바른 교육이 필요합니다. 그리고 그 교육은 인권에 대한 이해와 존중을 가져야 합니다. 우리는 어린이들의 꿈과 희망을 지원해야 합니다.

테레사 수녀: 그렇습니다. 어린이들을 사랑하고 지원하는 것은 우리가 할 수 있는 가장 중요한 일 중 하나입니다. 우리 모두가 그들을 위해 노력해야 합니다.

ChatGPT로 공자님에게 공부에 대하여 질문하기

공부는 왜 해야 하는지 공자님께 질문하여 보는 활동으로 공부의 필요성을 알아보는 활동을 하고 싶어요. 중국의 유명한 학자 공자님과 가상으로 대담을 하고 싶습니다. 가능할까요?

공자

네, 저와 함께 공자와 대화를 나눌 수 있습니다. 하지만 공자가 실제로 존재한 인물이고 저는 인공지능이므로, 이는 가상적인 대화입니다. 그래도 공자와 대화를 나누는 것을 통해 그의 사상과 생각에 대해 이해할 수 있을 것입니다. 어떤 주제로 대화를 나누고 싶으신가요?

사람들은 어릴 때부터 공부를 많이 하는데 사람들은 왜 공부를 해야 하는 것인가요? 공자께서 말씀하여 주세요.

공자

공부는 인간이 자연스럽게 추구하는 지적 호기심과 탐구심을 충족시키는 활동 중 하나입니다. 우리는 자신의 가능성을 높이고, 새로운 기회와 경험을 만들어 낼 수 있습니다. 공부를 통해 개인적인 발전뿐만 아니라 사회적인 발전을 이루는데도 도움이 됩니다.

공부는 책으로만 하는 가요? 공자께서 말씀하여 주세요.

공자

공부는 책으로만 하는 것이 아닙니다. 다른 사람들과 함께 토론하고 의견을 나누며 배우는 것도 중요합니다. 서로 다른 시각과 경험을 가진 사람들과 새로운 아이디어를 얻을 수 있습니다.

공자님의 가르침을 그대로 외우고 따라하면 되는가요?

공자

그렇지 않습니다. 각자의 삶과 상황이 다르기 때문에, 단순히 따라 하기만으로는 무의미합니다. 저의 가르침을 듣고, 자신의 경험과 지식에 적용해야 합니다.

공부와 관련하여 공자님의 말씀을 한자로 적어 주시겠습니까?

공자

學而時習之、不亦說乎。(공부는 반복과 시간적 연속적인 학습을 통해 이루어져야 합니다. 이것이 기쁨이 아닐 수 없습니다.

인물 사전

공자

2500년 전, 중국의 유명한 철학자입니다. 공자의 가르침은 아직까지도 많은 나라에 영향을 주고 있습니다.

손흥민 선수와 메시 선수에게 진로 상담해요

손흥민 선수와 메시 선수가 축구선수 꿈을 가진 학생들 앞에서 기자 인터뷰하는 글을 만들어 주세요.

기자: 어떻게 축구를 시작하게 되셨나요?

손흥민 선수: 어린 시절부터 축구에 대한 열정과 꿈을 가지고 있었고, 지금은 프로 축구 선수로서 꿈을 이루게 되었습니다.

메시 선수: 어린 시절부터 축구를 좋아했습니다. 축구를 하면서, 저의 흥미와 열정이 더욱 커졌습니다. 그리고 그것이 제 인생의 일부가 되었습니다.

기자: 축구 선수로서 가장 중요하다고 생각하는 점은 무엇인가요?

손흥민 선수: 축구는 물론이고, 모든 일에서 중요한 것은 열정과 노력입니다. 저는 훈련을 꾸준히 하고, 자신의 강점을 발전시키는 것이 중요하다고 생각합니다.

메시 선수: 저는 축구에서 뛰는 것뿐만 아니라, 선수로서의 자세와 매너도 매우 중요하다고 생각합니다. 경기장에서는 승부가 있지만, 자신의 행동이 다른 사람들에게 어떤 영향을 끼칠 수 있는지 생각해야 합니다.

기자: 꿈을 향해 달려가는 학생들에게 어떤 조언을 해주시겠습니까?

손흥민 선수: 꿈을 이루기 위해서는 끊임없이 노력하고, 포기하지 않는 것이 중요합니다. 실패는 당연한 일이고, 그것을 극복하면 더욱 강해질 수 있습니다.

메시 선수: 자신에게 믿음을 갖고, 자신의 능력을 발휘할 수 있는 기회를 잡는 것도 중요합니다.

23 챗GPT로 퀴즈 대결도 하고, 바드로 창의적 활동을 해요

동물입니다. 무엇일까요?

크기는 어떻게 됩니까?

어디서 삽니까?

무엇을 먹고 삽니까?

과학 시간에 유미와 진수는 한 팀이 되어 스무 고개를 하였습니다. 선생님께서는 이번에는 챗GPT와 스무 고개를 해 보자고 하셨습니다.

 **ChatGPT와 스무 고개 하기**

유미, 진수: 스무고개를 할 줄 아나요?

GPT: 네, 무엇을 맞추어 드릴까요?

유미, 진수: 동물입니다. 무엇일까요?

GPT: 제가 생각하고 있는 동물은 포유류입니까?

유미, 진수: 예. 포유류입니다.

GPT: 이동물은 육상에서만 생활하는 동물입니까?

유미, 진수: 예, 육상에서 생활합니다.

GPT: 그렇다면, 이 동물은 사람에게 유용하게 이용될 수 있는 동물입니까?

유미, 진수: 그렇기도 합니다.

GPT: 이 동물은 가축으로서 사람에게 유용하게 이용될 수있는 동물입니까?

유미, 진수: 가축으로 하기에는 너무 큽니다.

GPT: 좋습니다. 이 동물은 아프리카 대륙에서 서식하는동물입니까?

유미, 진수: 예, 아프리카와 인도에서 서식합니다.

GPT: 네, 그렇다면 이 동물은 사자입니까?

유미, 진수: 아닙니다. 더 큽니다.

GPT: 네, 알겠습니다. 그렇다면 이 동물은 코끼리입니까?

ChatGPT와 과학 광고를 만들어 보아요

> 세종대왕의 발명품 하나를 정해 광고를 만들어 주실 수 있을까요? ❓

GPT 네, 세종대왕의 발명품 중 하나인 한글을 이용한 광고를 만들어 볼까요?
광고 시작 : "한글은 우리의 대표적인 문화 유산입니다. 그 중심에는 세종대왕의 위대한 발명이 있습니다. 이제 한글로 편지를 쓰거나, 시를 읽으며 한국인의 아름다운 문화를 경험해 보세요. 세종대왕의 한글, 우리가 자랑스럽게 전하는 문화입니다."

> 광고영상으로 만들려고 하는데 구체적으로 알려 주세요. ❓

GPT 감사합니다! 또 다른 광고를 만들어드리겠습니다.
[광고 음악이 흘러나온다] "한글 창제, 세종대왕의 위대한 업적 중 하나입니다. 그 당시 한글 없이는 글을 쓰기가 어려웠지만, 세종대왕은 국민들이 쉽게 배우고 사용할 수 있는 한글을 만들어 냈습니다. 이제 한글을 통해 우리는 자신의 생각과 감정을 손쉽게 표현하고 전달할 수 있습니다. 세종대왕의 위대한 업적, 한글 창제를 기념하며, 우리는 한글을 자랑스럽게 사용합니다!" [광고 음악이 끝나며 한글로 "세종대왕"이라는 글자가 나온다]

챗GPT에게 질문을 하고 더 필요한 내용을 구체적으로 하면, 더 자세하게 안내해 줍니다.

ChatGPT로 에디슨과 인터뷰를 가상으로 해요

> 에디슨과 인터뷰를 가상으로 할 수 있을까요? ❓

GPT 네, 가능합니다! 어떤 질문을 하시겠어요?

> 에디슨 씨, 반갑습니다. 발명에 대하여 관심이 많은데 어린이들이 어릴 때부터 배워야할 교육은 무엇일까요? ❓

GPT 안녕하세요, 반갑습니다. 발명에 관심을 가지는 어린이들이 배워야 할 교육에 대해 제 의견을 드리자면, 먼저 궁금한 마음과 호기심을 자극할 수있는 과학 교육이 중요하다고 생각합니다.

> 에디슨 씨, 연구 중에서 어떤 일이 가장 어려웠고 어떻게 극복하셨나요? ❓

GPT 실패를 겪으면서 포기하지 않고 실험을 다시 시작하며 지속적인 노력으로 문제를 해결하였습니다. 또한, 새로운 아이디어와 독창적인 생각을 내기 위해서는 상상력과 창의성을 계속해서 발전시켜야 했습니다.

 **이런 기술도 있어요** 내가 원하는 사이트를 빨리 찾는 방법을 물어요.

> 작은 생물을 관찰할 수 있는 유튜브 주소를 알려 주세요. ❓

GPT 다음은 작은 생물을 관찰할 수 있는 유튜브 채널입니다.
1. Microcosmos – https://www.youtube.com/user/JourneyToTheMicrocosmos
2. Look – https://www.youtube.com/user/KQEDDeepLook
3. The Microscopic World – https://www.youtube.com/channel/UCoRrbw6gyi4KRPGlqN1Hr3w
위 채널들에서는 현미경으로 관찰한 작은 생물들의 영상을 제공하고 있습니다.

 내가 원하는 주소를 잘 찾을 수 있을까요?

> 존재하지 않은 사이트가 많아요. 최근에 존재한 사이트를 알려 주세요. ❓

GPT 제가 언제까지나 최신 정보를 제공할 수 있는 것은 아니기 때문에, 작은 생물을 관찰할 수 있는 사이트를 찾으려면 검색을 통해 최신 정보를 확인하는 것이 좋습니다. "현미경으로 작은 생물 관찰 사이트"와 같은 키워드로 검색해 보시면 최근 정보를 얻을 수 있을 것입니다.

 이럴 때는 검색 키워드를 물어보세요.

 없어진 사이트가 있을 수 있어요.

> 현미경으로 작은 생물을 관찰한 유튜브를 찾으려고 하는데 찾는 검색어를 알려 주세요. ❓

GPT 작은 생물 관찰, 현미경을 검색어로 활용하시면 원하시는 정보를 빠르게 찾으실 수 있을 것 같습니다.

 챗GPT로 역할놀이 하고 싶은 것은 어떤 것이 있나요?

유미는 최신 인구 통계를 바드에게 물었습니다.
그리고 그래프로 만들어 사회 시간에 발표를 하였습니다.

유미: 바드님! 세계 인구를 순위대로 나라, 인구 수로 적어주세요. 엑셀에 붙여 넣기 쉽도록 자료를 주세요.

바드: 네, 2023년 세계 인구 순위는 다음과 같습니다.

2023년 세계 인구 순위

순위	국가	인구수
1	인도	14억 2800만
2	중국	14억 2300만
3	미국	3억 3240만
4	인도네시아	2억 7350만
5	파키스탄	2억 2080만

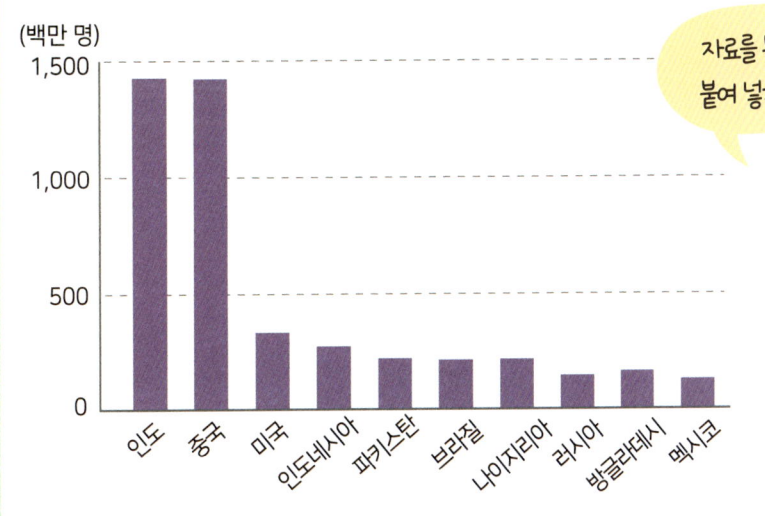

자료를 복사해서 붙여 넣기 좋아요.

유미는 친구들과 학예회에서 랩으로 노래를 만들어 발표하려고 합니다.

유미: 바드님! 친구들과 좋은 관계를 유지하며 즐거운 학교생활이 되자는 **노래를 랩형식**으로 만들어 주세요.

바드:
Yo
학교에 왔어, 새로운 친구들과
많이 놀고 싶어, 즐겁게 지내고 싶어
친구는 소중한 존재야
친구가 있으면 힘든 일도 견딜 수 있어
서로 배려하고, 이해하고, 존중하며
함께 웃고, 함께 울자

친구들과 좋은 관계를 유지하며
즐거운 학교생활이 되자

우리는 친구야, 우리는 하나야
우리는 함께라면 무엇이든 할 수 있어

친구는 우리에게 많은 것을 가르쳐 줘
친구는 우리에게 사랑, 우정, 배려를 가르쳐 줘

서로 배려하고, 이해하고, 존중하며
함께 웃고, 함께 울자
친구들과 좋은 관계를 유지하며
즐거운 학교생활을 만들어 가자
Peace.

24 챗GPT로 토론 연습을 해요

유미는 친구들과 토론대회를 준비하고 있습니다. 친구들과 팀으로서 모일 시간이 없어서 온라인으로 정보를 주고받았습니다.

금요일마다 해외의 친구들과도 온라인으로 토론 모임이 있습니다.
그래도 토론에 대한 연습이 더 필요하다는 것을 느꼈습니다. 그래서 챗GPT와 토론을 하여 보았습니다.

ChatGPT와 인공지능이 필요한지 찬반 토론하기

유미: 인공지능이 우리 사회에서 필요한지 찬성과 반대 토론을 해요. 제가 반대 토론자를 하겠어요.

GPT: 좋습니다. 인공지능이 우리 사회에서 필요한지에 대한 반대 의견을 말씀해주세요.

유미: 인공지능이 발달할수록 사람들이 일자리를 잃을지 모릅니다. 찬성 입장에서 3문장 이내로 말씀해 주세요.

GPT: 좋습니다. 저는 찬성 입장에서 말씀드리겠습니다. 인공지능은 새로운 일자리를 만들 수 있습니다. 예를 들어, 인공지능 기술을 가지고 농작물을 자동으로 관리하는 일자리가 생길 수 있습니다.

유미: 사람들이 지나치게 인공지능에 의지하여 게을러지는 문제가 생길 것입니다. 그래서 지식이 퇴보할 수 있습니다. 지금도 사람들은 계산기를 이용하여 쉬운 계산을 잘 못합니다.

GPT: 그 말씀에는 일부 정도는 맞는 부분이 있습니다. 인공지능이 발전하고 사용되는 분야가 늘어날수록 일부 직업이 사라지는 등의 문제가 생길 수 있습니다. 하지만 인공지능은 우리에게 지식을 제공하고 학습을 돕는 등 많은 장점을 가지고 있습니다. 또한 인공지능이 수행하는 반복적이고 단순한 작업은 사람들이 보다 창의적인 일에 집중할 수 있도록 도와줄 수 있습니다.

유미: 좋은 말씀입니다. 일부 동의합니다. 그러나 인공지능이 학습하는 인터넷 내용에는 잘못된 정보도 많아 중요한 오류를 일으킬 수도있을 것이므로 안전하지 않을 수 있습니다.

GPT: 그것은 매우 중요한 문제입니다. 인공지능이 인터넷에서 학습하는 방식으로 작동하므로, 잘못된 정보가 포함된 데이터를 수집할 가능성이 있습니다. 따라서 인공지능 개발자들은 데이터를 잘 가려서 믿을 수 있는 모델을 만들어야 합니다.

유미: 미래에는 많은 부분을 인공지능에 의지할 것 같습니다. 공상과학 이야기처럼 인공지능이 사람을 지배하지 않을까 의심하는 사람도 있습니다.

GPT: 인공지능이 사람을 지배하거나 통제하는 일은 불가능합니다. 단지 인공지능의 발전과 함께 인간의 삶이 변화하고, 이를 수용하고 적응하는 것이 중요할 뿐입니다.

유미: 프로그래밍하는 사람이 악용을 한다면 인공지능 세상에서 대형참사가 생기지 않을까 우려됩니다.

GPT: 그것은 매우 중요한 문제입니다. 그러나 이러한 위험을 방지하기 위해서는 보안 시스템이 필요합니다. 인공지능 분야에서는 이러한 문제들에 대한 연구가 계속 진행되고 있습니다.

유미: 감사합니다. 좋은 토론이 되었습니다.

GPT: 천만에요. 저도 좋은 경험이었습니다. 더 궁금한 점이 있으면 언제든지 물어보세요!

 챗GPT와 동시 짓기 놀이를 해요

유미: 동시를 저와 함께 한 행씩 만들어요. 제가 먼저 할게요.

GPT: 좋아요, 시작해보세요!

유미: 따뜻한 봄이 찾아 왔어요.

GPT: 새들이 지저귀며 하늘을 날아다니고 있어요.

유미: 봄의 소리가 참 아름다워요.

GPT: 사랑스러운 봄날, 우리 모두가 행복해요.

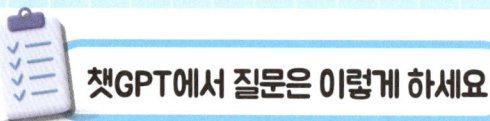 **챗GPT에서 질문은 이렇게 하세요**

1. 공용어를 사용합니다. 공용어는 반말이 아닌 평상어이면서 격식을 갖춘 말입니다. 인터넷처럼 배려와 존중의 습관도 기르는 교육 공간으로 여겨 **존댓말을 공용어로 사용합니다.**

2. 비교나 대조적인 내용은 표로 정리하도록 요청하면 이해하기 좋습니다.

   ⭐ 고양이와 개의 다른 점을 표로 만들어 주세요.

   고양이와 개의 다른 점

특징	고양이	개
크기	대부분 작은 크기를 가짐	크기가 다양함
성격	개성이 강하며 독립적이고 자주 깨어 있음	사람을 따르고 사교적인 성격이 강함
수면	대부분 낮잠을 자며 수면 시간이 길다	밤에 활동이 많고 낮잠을 자지않는 경우가 많음

3. 무엇을 알고 싶은지 분명하게 질문합니다.

    행성의 거리를 알려 주세요.
    태양에서 지구까지의 거리를 알려 주세요.

4. 구체적으로 질문합니다.

    생물은 어떤 것이 있을까요?
    동물과 식물이 아닌 생물은 어떤 것이 있을까요?

5. 단순하게 질문합니다.

    세상에서 가장 중요한 것은 무엇인가요?
    성공적으로 살기 위해서는 어떻게 사는 것이 중요한가요?

25 한국말을 잘 아는 클로바 X, 엑사원, 아숙업

네이버의 클로바 X, LG의 엑사원 2.0, 카카오톡의 아숙업은 한국말에 학습이 되어 한글을 잘 해석하고 한글을 잘 사용합니다.

클로바 X는 엄청난 양의 한글 데이터를 학습하여 우리나라의 문화를 잘 이해하고 있습니다. 그래서 익숙한 글을 만들어 낼 수 있습니다.

LG사의 엑사원 2.0은 언어 뿐만 아니라 이미지도 학습하여 사고하고 판단할 수 있습니다. 신뢰성 있는 답변만 할 수 있도록 설계되어 있습니다.

엑사원은 해당 이미지를 올리면 어울리는 문구를 만들어 줍니다.

춤 추는 사람과 고양이를 그려줘.

카카오톡에 아숙업(AskUp)를 설치하면 대화를 할 수 있으며 이미지에 포함된 글자를 읽어서 스캐너처럼 번역도 해줍니다. 업스케치라는 기능도 있어 이미지를 설명하는 말 끝에 '그려줘'를 입력하면 새로운 이미지를 만들어 줍니다.

네이버의 클로바 X로 역사 공부를 해요

? 세계에 자랑할 만한 우리나라 문화재를 찾아 주세요

X 대한민국은 역사와 문화가 풍부한 나라입니다. 그 중에서도 우리나라의 대표적인 문화재는 다음과 같습니다.
1. 경주 석굴암: 신라시대에 만들어진 석굴암은 세계적인 예술 작품으로 평가받고 있습니다. 석굴암은 자연석을 가공하여 만든 석굴로, 내부에는 부처님의 상이 모셔져 있습니다. 석굴암은 뛰어난 건축 기술과 예술적 가치로 세계문화유산으로 지정되어 있습니다.
2. 수원 화성: 조선시대에 만들어진 수원 화성은 세계적인 건축물로 평가받고 있습니다. 수원 화성은 정조대왕이 아버지인 사도세자를 기리기 위해 만든 건축물로, 뛰어난 건축 기술과 역사적 가치로 세계문화유산으로 지정되어 있습니다.
3. 서울 경복궁: 조선시대에 만들어진 경복궁은 세계적인 역사 유적으로 평가받고 있습니다. 경복궁은 조선시대의 왕이 거주하던 궁궐로, 뛰어난 건축 기술과 역사적 가치로 세계문화유산으로 지정되어 있습니다.

? 경주 석굴암은 과학적으로 어떤 점이 우수한가요?

X 경주 석굴암은 신라 불교예술의 전성기에 이룩된 최고 걸작으로 건축, 수리, 기하학, 종교, 예술 등이 유기적으로 결합되어 있어 더욱 돋보입니다.
석굴암 천장은 여러 방향에서 돌을 아치형(활과 같은 곡선형 모양)으로 쌓아 올린 후 지붕에 크고 둥근 돌을 한 장 얹어 돔형(동그라미를 반으로 나누어 엎어 놓은 모양)으로 완성했습니다. 이렇게 하면 건물의 가운데에 기둥을 세우지 않아도 튼튼한 지붕을 만들 수 있었습니다. 이 기술은 당시 다른 나라에서 찾아보기 어려운 우수한 기술이었습니다.

특히 석굴암 바닥은 항상 차가운 물이 흐르게 하여 석굴암의 습기가 바닥으로 모여 땅속으로 스며들도록 하였습니다. 이러한 석굴암 내부의 습도 조절 장치는 신라 사람들의 뛰어난 과학적 기술을 알 수 있습니다. 석굴암에 숨겨져 있는 과학적 사실이 또 있는데, 기도하는 사람의 시선에 맞게 불상을 모셨기 때문입니다.

? 석굴암 내부의 습도 조절 장치에 대하여 자세하게 말씀해 주세요.

✕ 경주 석굴암은 습도 조절 장치가 내장되어 있어 석굴 내부의 습도를 일정하게 유지할 수 있었습니다. 이 장치는 석굴암 바닥에 항상 차가운 물이 흐르게 하여 석굴암의 습기가 바닥으로 모여 땅속으로 스며들도록 하는 방식으로 작동합니다. 이러한 습도 조절 장치를 통해 석굴암 내부의 습기를 조절하여 석굴 내부의 예술 작품을 보존할 수 있었습니다.
하지만 일제 강점기에 일본이 석굴암을 해체하고 복원하면서 제대로 복원하지 않아 습도를 조절할 수 있는 기능을 훼손하게 되었습니다. 이로 인해 현재 석굴암 내부는 유리로 막아 놓았으며, 석굴암 내부의 보존을 위해 사진 촬영은 금지되어 있습니다.

넓은 범위에서 구체적이고 자세하게 질문을 해요.

 네이버의 클로바 X로 역사에 대하여 묻고 싶은 것은 무엇이 있나요?

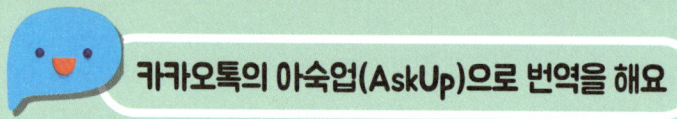
카카오톡의 아숙업(AskUp)으로 번역을 해요

　카카오톡에 아숙업(AskUp)를 설치하면 대화를 할 수 있으며 이미지에 포함된 글자를 읽어서 스캐너처럼 번역도 해줍니다. 업스케치라는 기능도 있어 이미지를 설명하는 말 끝에 '그려줘'를 입력하면 새로운 이미지를 만들어 줍니다.

유미: 要不要玩角色扮演游戏？ 你是旅行社的职员, 我是客人。

그림 속의 글자를 우리말로 번역해 주세요.

유미: 역할놀이 게임 할까요? 당신은 여행사 직원입니다. 저는 손님입니다.

26 인간지능 vs 인공지능

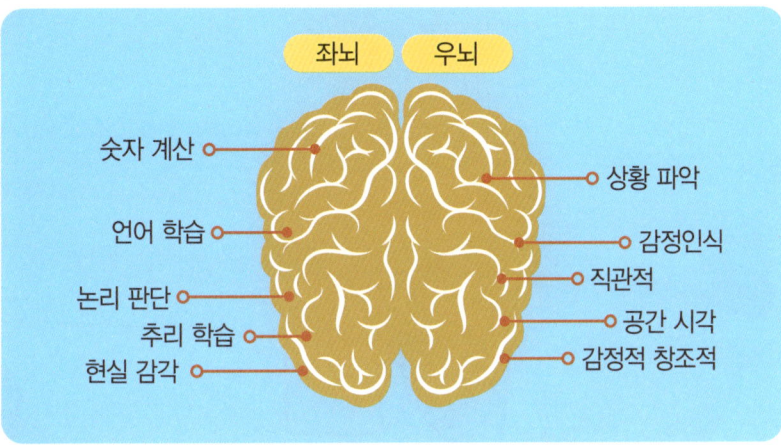

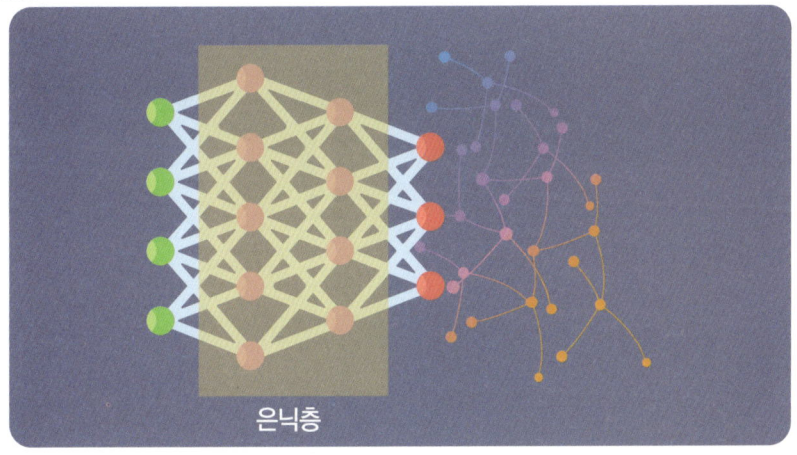

인공지능은 주로 입력층, 출력층 보다 인간의 신경망에 해당하는 은닉층에서 정보를 처리, 해석하는데 인간의 좌뇌, 우뇌 개념은 없습니다.

인간지능

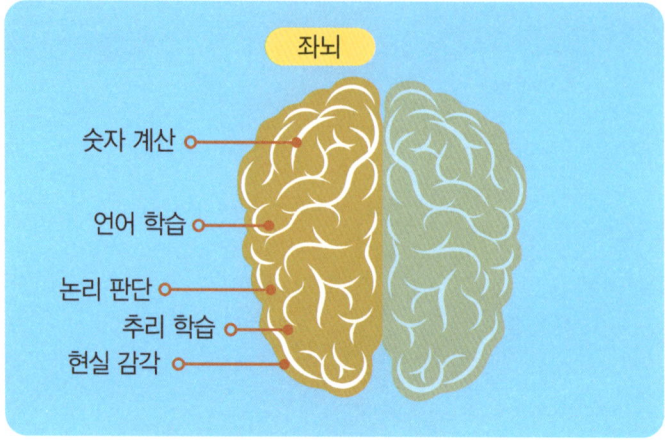

좌뇌
- 숫자 계산
- 언어 학습
- 논리 판단
- 추리 학습
- 현실 감각

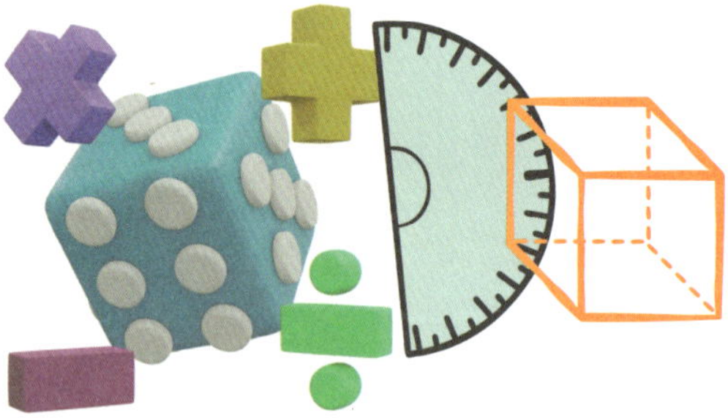

인간지능

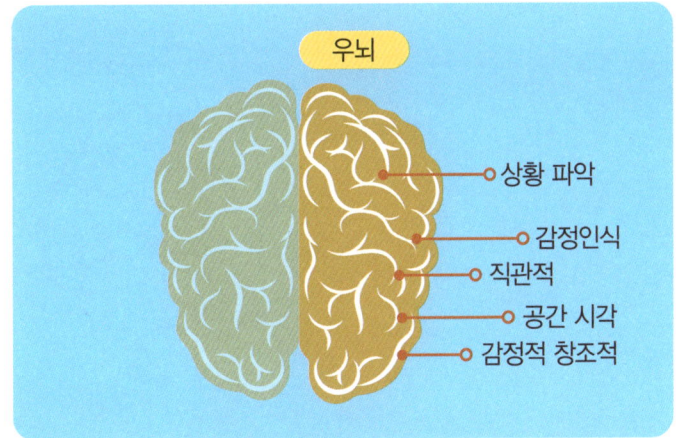

인공지능

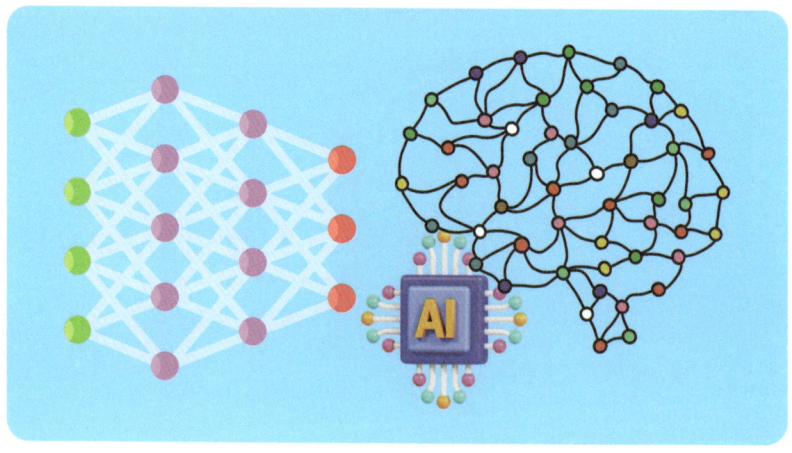

　은닉층은 입력과 출력 사이에 위치하며, 중간 단계에서 데이터를 처리하고 특징을 찾아냅니다.

인간의 두뇌와 인공지능 비교

특성	인간의 두뇌	인공지능 신경망
구조	복잡하고 유기적인 구조, 수많은 신경세포로 구성	인공적으로 설계된 계층 구조
학습	경험과 학습에 의해 발전	데이터 기반 학습, 훈련 데이터 사용
용량	방대하고 다양한 정보 저장 가능	메모리 용량에 따라 제한됨
속도	병렬 처리, 매우 빠른 정보 처리 속도	이미지나 음성 인식과 같은 작업에서 사람보다 더 빠르고 정확함.
창의성	상상력, 창의력, 비판적 사고 등	훈련된 데이터 범위 내에서 예측 및 생성 가능
수면	감정적인 요소가 포함되어 판단에 영향을 줌	감정에 대한 이해가 없으며, 감정적인 측면 무시

사람은 새로운 문제에 대해 창의적이고 다양한 해결책을 찾을 수 있습니다. 인간의 사고는 다양한 관점에서 문제를 접근하고, 독립적인 사고와 창의성을 발휘할 수 있습니다.

인공지능은 빠른 계산 능력을 가지고 있어 대규모 데이터를 신속하게 처리하고 분석할 수 있습니다. 이는 복잡한 문제를 빠르게 해결할 수 있게 해줍니다.

인공지능은 마법 상자가 아닙니다.
그 특성을 제대로 이해하고 활용하는 것이 중요합니다.

인공지능과 함께하는 우리의 미래에는

 인공지능의 부작용을 최소화 하면서 인공지능의 순작용을 잘 활용하는 것이 좋은 세상을 만드는 계기가 될 것입니다.

 인공지능은 _____ 입니다. 왜냐하면 _____ 때문입니다.

(클로바 X) 인공지능은 미래입니다. 왜냐하면 우리의 미래를 변화 시키기 때문입니다.

(챗GPT) 인공지능은 과학 탐험가입니다. 왜냐하면 우리에게 알려지지 않은 지식의 신세계를 발견해내는 모험가와 같은 역할을 하기 때문입니다.